那些困擾你的疑問，心理學都能解釋！

壹心理 編著

非凡出版

知人者智
自知者明

本書之寫作，源自壹心理的一項名為「打卡學習」的計劃。這項計劃旨在將一些晦澀難懂的心理學知識轉化為普羅大眾都能接受的心理學常識，意義非凡！創辦兩年以來，彙集了各界專業的心理學者在那裏執筆書寫，創造了一篇又一篇精彩非常的心理科普文章，累計閱讀量也近百萬。

本書精選當中 61 篇文章，我看到一個個經典的心理學理論和廣受大眾關注的心理話題，都用上一些淺顯易懂和生動形象的語言呈現了出來。「為什麼初戀難以忘懷」、「鬼壓床究竟是怎麼回事」等等，不僅選題十分有趣，切合實際需要，更可貴的是，這些專業的心理學作者們都有着妙筆生花的本領，讓原本枯燥死板、神秘詭異的心理學知識躍然紙上，成為一種讓人願意親近的「大眾科學」，從「心」了解自己不再是一紙空談。

回想積極心理學的創始人塞利格曼教授在擔任美國心理學協會 1998 至 2000 年度主席的時候，曾對 21 世紀心理學的發展提出兩大目標：一、讓心理學積極起來（make psychology positive）；二、讓心理學走向社會（make psychology popular）。壹心理這些年來，就是在做這兩件事。

知人者智，自知者明。雖然是句老說話，可這從來就不是一件簡單的事情。

在我與心理學打交道的三十個年頭裏，無數的來訪者都會在了解自己的旅途中遭遇或大或小的各種問題，怪誕行為、情緒煩擾、愛情糾紛等等，這些一直在旅途中不斷給人帶來困擾的問題陷阱，其實背後都暗藏着一個「心理機關」。瞭解這些「心理機關」的運作原理，會讓我們能夠更加從容不迫地應對生活中的各種麻煩，從「心」開始調節並享受一個充滿樂趣的生活。那麼，如何能夠通俗簡單地了解如此複雜的「心理機關」呢？

這正是本書的精彩所在。正是有了這麼多心理學者的悉心雕琢和壹心理團隊的用心運作，才有了這一篇篇引人入「心」的佳作誕生。也正是在這一群志同道合的人齊心協力的奉獻中，一部彙聚了眾人智慧與汗水結晶的誠意著作應運而生！

遙想三年前與壹心理初識的時候，他們還只是一群懷抱着「讓更多普通人熱愛心理學」夢想的初生之犢。經過三年的歷練與奮鬥，他們已獲得800萬忠實擁躉的熱切支持，並做到了每天都能讓17萬熱愛心理學的粉絲在壹心理的網站上受益。我不僅為他們驕人的成績感到驚喜，也十分欽佩壹心理不斷創新的精神。

在此預祝本書暢銷，也謹祝壹心理越辦越好，讓更多的人能夠了解心理學，亦讓更多的有識之士能夠加入到這個妙趣橫生、茁壯成長的心理圈！

 岳曉東

香港城市大學應用社會科學系副教授
2015年春寫於香港

CHAPTER
01

日常
生活中的
怪誕行為

靚女護士打針沒那麼痛？

有一天你生病了，要去醫院打針，給你打針的是一個很漂亮的護士，讓你感覺打針居然沒有平時那麼痛。為什麼會這樣？讓我們好好探究一下，令人們產生痛感落差的原因是什麼。

光環效應作祟？

光環效應是人際知覺中一種常見的效應，廣泛出現於我們的生活之中。研究者為此做過一個試驗，他們讓同組被試者同時看兩張照片，一張照片是一個漂亮的女人，另一張照片是一個相對沒那麼漂亮的女人，看完之後，同時告訴被試者，她們都曾經入獄，問被試者有何感想。大部分的被試者都認為，漂亮的女人只是因為一時失足才會入獄，而沒那麼漂亮的女人則是因為行為不良，入獄罪有應得。

光環效應（halo effect）

又稱暈輪效應，是在人際知覺中所形成的以點概面或以偏概全的主觀印象。它最早是由美國著名心理學家愛德華・桑戴克於上世紀二十年代提出來的。

人們僅憑相貌的美醜，就會有如此迴異的看法，大部分人會認為美女都是溫柔、賢惠、行為端正的，而醜女則是潑辣、粗魯、行為不正的，可見光環效應在實際生活當中屢見不鮮。貌美的人在求學、求職方面會比相貌一般的人有更多的便利，人們通常認為，美貌的人工作能力較強，這就是受到了光環效應的影響，可有時實際情況未必如此。在面對長得漂亮的護士時，不少人都會被其漂亮的光環所吸引，從而影響了對其他方面的評價，因而認為靚女護士打針也都是溫柔的，不會帶來什麼痛楚。

強大的安慰劑效應

患者服用或接受實際上沒有藥理作用的藥物或療法，病情卻因之而有所改善的現象，被稱為安慰劑效應。安慰劑對治療起到多大的作用，歷來眾說紛紜。有人說，它對治療精神抑鬱性疾病，能夠提高80%的療效，但對於其他疾病，就沒有可靠的證據了。心理治療上也會利用這種安慰劑效應，讓病人食用一種無副作用的「藥物」，從而緩解病情。民間的求神問卜其實也是這種原理，所謂的「神水」和「符水」能延年益壽，保健平安，這是因為這些東西給了他們心靈的寄託，他們深信這些東西是有效的。相信即存在，而實質上可能就是一些糖漿或是鹽水罷了。

漂亮護士之所以能夠起到緩解疼痛的作用，不過是因為人們把漂亮護士當成了安慰劑，看見她們賞心悅目、心情舒暢，自然也就忘記痛了。但也有一些人，並不相信安慰劑的作用，不把希望寄託於外物，只相信自己的判斷，這樣的話，漂亮的護士就起不到安慰劑的作用了。

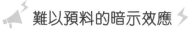

難以預料的暗示效應

其實每一個人，在生活中經常都會進行暗示，有時是自我暗示，有時是暗示他人，有時是接受他人的暗示。心理學上的催眠，實質上就是一種暗示，催眠師通過語言將被催眠者引導至潛意識開放的狀態下，將可以幫助被催眠者實現改變的觀念植入他的潛意識，以達到幫助被催眠者改變行為習慣、解決心理問題的目的。

暗示效應也可應用於運動員的訓練上，教練暗示運動員要相信自己的能力，正常發揮即可，運動員也接受了教練的暗示，獲得了不錯的成績。曾經有一個朋友跟我說，公司體檢驗血的時候，他都會挑那些慈眉善目的醫生來排隊，而那些一眼看上去就比較兇的醫生，就算沒人排隊他也不會過去，他認為，看起來比較好相處的醫生，抽血也會厚道一些。

暗示效應的結果具有雙重性，既有可能朝着積極的方向發展，也有可能朝着消極的方向發展。如果人們暗暗告訴自己，漂亮的護士打針會比較溫柔，動作會比較輕，自然痛感就會少一些。但是，如果我堅信漂亮的護士因為自己比較漂亮，在實操練習的過程中肯定沒那麼認真，其技術並不嫻熟，比不上一些相貌一般但很勤奮的護士，那說不定一看到漂亮的護士，立刻就心中害怕，疼痛感比起以往還重了幾分。

暗示效應

暗示效應是指在無對抗的條件下，用含蓄、抽象的間接方法對人們的心理和行為產生影響，從而誘導人們按照一定的方式去行動或接受既定的意見，使其思想、行為與暗示者期望的目標相符合。

痛覺，因人而異

打針對不同的人來說，是不同程度的疼痛體驗。人的痛覺或痛的反應會有較大的個體差別，有的人痛覺感受性較低，能夠承受常人無法忍受的疼痛。比如剛出生的寶寶，即使被針刺出血，也不會有任何不愉快的反應。而有的人痛覺感受性較高，被輕輕拍一下，都覺得疼痛無比。

如果僅從痛覺的角度去分析，護士漂亮與否也沒有那麼重要，我是不怕痛的，就自然不覺得痛，若我怕痛，就算是貌美如花的護士姐姐，我也還是照樣喊痛。

如此說來，如果你既是外貌協會的會員，又相信安慰劑的作用，也極易受暗示，並且還不怕痛，那麼，一個漂亮的護士的確會讓你忽略打針帶來的疼痛。但如果你是一個不以貌取人，不相信安慰劑，又不容易接受暗示，且痛感十分明顯的人，如我一樣，那再漂亮的護士也無用！還是讓一個技術一流的護士來打針吧。

總喜歡揭
還未好的傷口？

生活中，有好些人會有揭傷口的習慣：即使
明知在傷口沒有完全結好痂時揭開它，可能
會帶來「二次傷害」，還是忍不住，流血了也
不死心。我們到底為什麼這樣「自作孽」呢？

 ### 難道我有強迫症？！

也許看到這個標題，你的第一反應是：「十成十是強迫症啦！」強迫症
是以反覆持久的強迫觀念或強迫動作為主要症狀的一種神經症。揭傷
口到什麼程度才算是強迫症呢？流血了還去揭？這還不算。極端點，
揭完一個再揭第二個第三個……不揭不滿足，沒傷口了就製造一個傷
口或者找別人的傷口再揭，鮮血也無法阻擋他們，這樣無疑會影響傷
口的癒合。當然，他們也會為自己這種行為感到痛苦（如果不痛苦，
那可能就是精神病等級的了）。但我們要認識到，這種日常生活的小習
慣，頂多算是強迫傾向，揭完了，就舒服了。

不是強迫症，那是自虐嗎？

僅僅從行為上來看，揭還未長好的傷口似乎符合自虐的行為特徵：以自己為攻擊和虐待的對象，傷害自己。

但是從更深層的心理動機上來看，這未必是自虐。弗洛伊德認為，自虐是死亡的本能對外釋放受到挫折後，反轉到自身的現象。人有兩種本能，一種是生的本能，一種是死的本能。死的本能是破壞性的攻擊能量，對外表現為戰爭、統治、虐待他人，如果對外釋放這種能量時受到挫折，如受壓迫、被欺凌而沒有辦法反抗，就容易將累積起來的攻擊性釋放在自己身上。

人本主義精神分析學家弗洛姆（Erich Fromm）在《愛的藝術》一書裏也有對自虐現象的分析，他認為自虐是用來對抗孤獨感和無足輕重感的手段。通過自虐行為，個體一方面企圖消滅（心理上的）自我，達到完全的無足輕重；另一方面，將自己置於「自身之外的某個強有力整體的一部分」，從而感受到來自這個整體的榮耀和強大。

兩位心理學家雖然觀點不一樣，但都說明了一點：自虐行為背後有着深沉的心理動機。

那麼，揭還沒長好的傷口背後是不是也有這麼深沉的心理動機呢？其實不然，我們平時會揭那些沒有好的傷口，最多就是想追求一種痛苦的體驗。為什麼追求？因為太閒了──有痛覺比沒感覺好。

感覺被剝奪，這對人的毀滅性是巨大的。1954 年，加拿大麥吉爾大學的心理學家首先進行了感覺剝奪試驗：試驗中被試者的視覺、聽覺、觸覺等感覺被高度剝奪，各種感覺器官接收不到外界的任何刺激信號，經過一段時間之後，被試者產生了錯覺、幻覺、注意力渙散、思維遲鈍，緊張、焦慮、恐懼等病理心理現象。

講了那麼多，到底為什麼我們會喜歡揭還沒長好的傷口呢？

奇癢難忍啊啊啊啊啊⋯⋯

從生理層面上看，我們會不經意地去撓結痂的傷口，其實是因為我們感到癢了。因為癢，所以揭，用痛來替代癢。為什麼會癢呢？首先，皮膚由表皮、真皮和皮下組織組成，而會結痂的傷口實際上已經傷到比較深的真皮層了，真皮層受傷，結締組織會補上，形成新長出來的肉芽。而結締組織由血細胞、神經細胞等各種細胞和細胞間質組成。重點是，新長出來的密集血管會和同樣新長出的比較敏感的神經細胞擠在一起，神經細胞會受到小而密集的刺激（就像你被羽毛撓到一樣），所以你會下意識地用手撓傷口，用痛覺來覆蓋癢的感覺。

揭傷口，是人類在進化中保留下來的整飾行為！

仔細回想，你會發現，自己會時不時地撫摸頭髮、臉部、身體，這種行為可不是簡單地因為閒得發慌。其實，類似撫摸這樣的行為，在猿猴、鳥類等動物身上都存在。動物每時每刻都在與充滿各種物質的環境接觸着，所以牠們會發展出安撫的動作來保持身體的清潔，這是動物共有的一種整飾行為。

對人類而言，我們沒有滿身密集的毛髮，但是祖先們的這些經驗也被繼承了下來。當我們看到或撫摸身體時，那塊黑黑硬硬的傷口就會挑戰我們整飾的習慣，對於這麼一塊「異物」，我們感到緊張、不愉快，希望能盡快將它「剷除」。於是，揭一點，就剷除了一些「異物」，心理上就放鬆了一點，再揭一點，又放鬆了些，我們希望不斷地體驗這種放鬆的感覺，於是就持續地揭下去，甚至用一點點血的教訓來換取這種快感。

癢也不要抓！

貪靚的女生在傷口癒合期間要盡量避免抓撓的動作，因為這樣會刺激局部毛細血管的擴張，造成肉芽組織增生而形成疤痕的！

一覺醒來恍如隔世？

你是否也有過這樣的無奈？清晨恍恍惚惚地醒來，還以為自己躺在大學宿舍的床上糾結着走堂與否，雖然你已工作多年，但醒來時的恍惚卻是那麼虛幻又那麼美好。為什麼一覺醒來感覺恍如隔世？是依然在夢裏，還是記憶錯亂？

從睡眠的週期了解夢

一覺醒來恍如隔世，因為做夢吧？要了解夢，我們還得從睡眠説起。簡單地講，睡眠可分成 REM（快速動眼期）和非 REM 兩個週期，每晚交替進行，區分兩者的依據在於腦電波活躍程度不同，非 REM 週期內腦電波平緩不活躍，而 REM 週期內腦電波活躍程度同清醒時相似，因此夢發生在 REM 週期內。

快速動眼期（REM）

「REM」是 Rapid Eye Movement 的縮寫，快速動眼期是睡眠的一個階段，此時眼球會快速移動，全身肌肉放鬆。大腦神經的活動程度與清醒時相若，醒來後依然能夠回憶的夢多數都是在 REM 階段發生的。

那麼人為什麼會做夢？根據激活——整合假說（activation-synthesis hypothesis），夢是大腦試圖對支離破碎、歪曲的信息進行合理化處理的過程。合理化處理的素材來自於你日常生活中的經歷，不管是多麼荒誕不經的夢，都離不開你記憶的範疇，最直觀的表達便是夢到曾經的生活歷程。電影《潛行凶間》讓我們認識到，夢裏三年也許只是現實一瞬間，我們無從驗證這是否正確，但就個體感知而言，似乎就是如此。有些夢，是如此的真實，如此的漫長，以至於我們的大腦已經習慣了夢裏的思維和感知，在醒來的剎那仍無法脫離，因此才會有瞬間時光交錯的體驗。

 ## 催眠結束時的體驗

清晨的恍若隔世體驗，其實可能是夢的延續。但如果把這種體驗稱為夢的延續，恐怕很多人無法認同，他們的根據是，他們知道自己是醒着的，清楚且明白，想強調這是「意識」。

想要深入了解意識，就無法避開潛意識。意識同潛意識的關係，簡單來講，就是潛意識決定了哪些內容進入意識，而催眠的目的便在於接近潛意識。關於催眠有很多龐雜的知識，而此處想談的是催眠結束時的體驗。絕大多數人並未經歷過催眠，談何催眠結束時的體驗呢？

你真的沒有體驗過催眠嗎？試回想一下，你是否曾在巴士上望着窗外失神，直到廣播某個站名時才回過神來？這期間短則幾分鐘，長則半小時，但你卻一點也不記得看到了什麼或想了些什麼，這其實就是催眠，是自我催眠的一種。再回想一下，你在報某個站名時突然醒來的那一剎那，同早晨那種恍若隔世的體驗是否很相似？

我們認為催眠的狀態與做夢是很相似的。催眠時，如果催眠師施加「記得」的暗示，來訪者便能記得催眠過程中的事情和對話，反之則不會記得，如同睡眠中，如果不刻意提醒去記，你便很難記得夢中情境。因此可以假定，在這些狀態下作主的是潛意識，而醒來的過程，便是潛意識把大腦控制權交還予意識的過程。潛意識與意識在交換「控制權」間存在的一絲空隙，為「恍若隔世」這種體驗提供了時間基礎。

關鍵記憶 vs 現實逃避

這種體驗並不特殊，絕大多數人都曾經歷過，但每個人的經歷卻又是特殊的，有人回到了童年，有人回到了大學，有人是甜蜜的初戀，有人是噩夢般的記憶……唯一相同的是，那些都是深深烙在你腦海中的記憶，我們稱其為關鍵記憶。

但是這種狀況也不會經常性地出現，總是在某種現實情境下才會有「夢迴」的體驗，我們稱之為現實逃避或者壓力轉移。例如，如果你正在為買房買車而苦惱，那麼你就很有可能夢迴無憂無慮的童年，或者無法無天的大學，因為在那些時刻，你不用考慮房子和車子，重點只在你的關鍵記憶點在哪裏。

因此，如果說醒來時恍若隔世的體驗還存在心因性因素的話，那便是對現實壓力的轉移和逃避。做夢時，潛意識為了讓大腦暫時從現實壓力中解放出來，便提取了記憶中那些顯得美好和沒有壓力的片段，讓睡眠中的大腦在「世外桃源」中暫避、休養。

最美莫過於回憶，最癡莫過於回到曾經。誰都說放下、面對，殊不知

放下太難，面對太苦，這樣的早晨，即使不真實，感覺依然很美。

給自己一點時間，緬懷一下那些刻骨的記憶，一分鐘也好，十分鐘也好，時間到了，打開窗戶，伸個懶腰，大大地吸一口新鮮空氣，對着陽光笑笑，然後，開始新一天的生活吧。

參考資料：
《生物心理學（第10版）》，詹姆斯‧卡拉特著，人民郵電出版社，2011年8月。

為什麼聽音樂會起雞皮疙瘩？

聽到自己喜歡的音樂時，你是否也會不由自主地跟着節奏搖頭晃腦？如果歌詞熟悉更會跟着哼唱兩句甚至跳起舞來？你是否注意過，有時你的皮膚會因為聽音樂而起一大片雞皮疙瘩？

音樂怎麼讓我們起雞皮疙瘩？

博林格林州立大學的神經生物學家亞克．潘克塞普（Jaak Panksepp）在研究中經常觀察到，被試大學生在聽音樂時身上會起雞皮疙瘩，甚至有人會打冷顫。亞克當然不會為了得出研究結論而無良地偷偷調低空調溫度。其實，是音樂帶給我們的情緒體驗讓我們渾身起雞皮疙瘩。雖然音樂不會讓空間降溫，但是它卻能通過旋律和歌詞，勾起我們大腦深處的幽遠記憶，同我們的內心情感產生強烈共鳴。這些情緒體驗，會通過神經傳到大腦中的一個重要小疙瘩——下丘腦。

下丘腦負責維護人體的體溫、攝食、水和血糖等的平衡。當音樂帶來

的情緒體驗傳到下丘腦後，它就會調節體內的激素分泌，使人體汗毛下的立毛肌緊張地拉扯皮膚，於是就會出現一個個雞皮疙瘩。是音樂帶來的情緒體驗讓我們的身體產生了一些變化，可為什麼偏偏是雞皮疙瘩？

雞皮疙瘩是我們進化的痕跡 ⚡

雞皮疙瘩從何而來？這要從很久很久以前說起，那時人類還不是人類，而是渾身披着長毛的猿猴。雞皮疙瘩科學的說法，叫立毛反射，就是讓體毛一根根立起來。立毛反射的最基本作用，就是在天冷的時候，讓身上的毛髮豎立起來，毛與毛間隙間的空氣會形成一個保護層，起到防寒保溫的作用，讓人感到更暖和。

除此之外，遇到危機時，機體會做出戰鬥或逃跑的應激反應，這時一根根雄偉直立的體毛能讓動物的體形看上去更大一些，靠外形嚇走對方。這在小動物身上表現得很明顯，比如家裏的小狗、小貓面對威脅時，身上的毛會立刻豎起來。

但是隨着人類的進化，雖然那一身厚厚的體毛早已不復存在，但是我們的基因中卻依然保存着這個古老的記憶，當皮膚感覺到寒冷，或者大腦感受到悲傷、恐懼、興奮或者性高潮等強烈的情緒體驗時，我們汗毛下的立毛肌依舊會按照下丘腦的指令，努力讓現在又短又細的體毛立起來，儘管它們已經不能讓我們感到更暖和或者看上去體型更大了。

這麼看來，雞皮疙瘩就像我們的尾骨和小耳尖，只是人類進化留下的痕跡而已。

音樂帶來的雞皮疙瘩是情緒的反應 ⚡

基於情緒反應，當聽到「可惜不是你，陪我到最後」的時候，我們內心那份深埋的悲傷被觸動了，一陣陣顫慄襲遍全身，身上出現雞皮疙瘩，厲鬼尖叫般的高音響起，就像碎玻璃劃過黑板，我們被嚇得脊背一涼，身上也會長出雞皮疙瘩。

認識的字看久了會變得陌生？

某天你翻到一頁自己手抄的歌詞，「來日陌生的是昨日最親的某某」，你盯着「某某」那兩個字看了好久，想起那個曾經熟悉的陌生人。然而那熟悉的文字盯久了，竟然也像前度一樣變得陌生起來，這又是為什麼？

語義飽和現象：大腦的一次短暫罷工

你在日記本裏抄寫暗戀對象的名字，抄到最後竟然認不得他的名字？

這些現象在生活中非常普遍。早在上世紀60年代，就有學者開展過相關研究，在心理學上可以用「語義飽和」來解釋。大腦在接受持續的相同刺激之後會產生神經疲倦，簡單來説，就是大腦的同一個地方一直在賣命地工作，在高強度的運轉之後，它發出了怒吼，進行了一次短暫的「罷工」。

當人的眼睛持續接受某個字的刺激時，該刺激會被連續地傳送到大腦相對固定的位置，那裏的大腦神經活動就會由於疲憊而受到抑制，形成聯想阻斷。因為神經活躍程度降低，大腦僅能注意到字的某個部分，而無法從整體上得到對這個字的認識。於是，奇妙的事情發生了。我們會先對字的讀音感到困惑，繼而失去對字義的聯想能力，最後甚至「不認識」這個字了。針對這一現象，可以暫時離開相關環境，看看其他東西，或是閉上眼睛休息一段時間，讓疲憊的大腦暫時休息一下，或者轉移一下注意力，就能夠破解聯想阻斷。

只在看漢字時才會這樣？

其實語義飽和的現象非常普遍，存在於我們生活的各個方面，包括視覺、聽覺、嗅覺、味覺等。不僅僅是漢字，英語等其他文字符號也會出現這種現象，甚至我們看久了一個熟人或者本來已經熟悉的地點時，也會覺得陌生。

這種聯想阻斷是否百害而無一利？當然不是，持續刺激會減弱大腦的神經活躍程度，但那些本不該過份活躍的活動，就會因此受到抑制。例如，已經有學者發現，語義飽和現象可以緩解因神經過於興奮而帶來的焦慮，具有抑制演講焦慮的作用。對於飽受口吃折磨的人來說，不斷地重複一些單詞，使大腦神經疲倦，也可以弱化由此產生的焦慮狀態。

參考資料：
〈「陌生的熟悉字」是一種語義飽和現象〉，孫倩、陳俊、徐可，《中國社會科學報》，2013 年 8 月 19 日第 490 期。

打呵欠

會傳染嗎？

看到別人打呵欠時，你是不是也會忍不住呢？
不僅僅是看到別人打呵欠時自己也想打一個，
當聽到打呵欠的聲音，看到打呵欠的字眼，
甚至只是聯想到打呵欠的情景，都可能會不
知不覺地打起呵欠來。莫非打呵欠會傳染？

為什麼會打呵欠？

打呵欠是人體的一種本能反應，它像心跳、呼吸一樣，不受人的意志
所控制。它能夠很好地保護腦細胞，增加腦細胞的供氧，提高人體的
應激能力。

美國馬里蘭大學的海克和普林斯頓大學的蓋洛普認為，打呵欠會讓上
頜鼻竇壁像風箱一樣擴張和收縮，把空氣壓向腦部，降低腦部溫度。
人腦對溫度極度敏感，必須保持涼爽才能有效地工作。他們認為，下
頜活動時，鼻竇壁會收縮，鼻竇得以通風。

2007 年開始，蓋洛普開始在動物和人身上檢驗自己的想法（很多動物也是會打呵欠的）。他們曾在老鼠的腦中植入傳感器，檢測打呵欠前中後期的變化。研究小組發現，老鼠預備打呵欠時腦部溫度升高，之後開始降低，並最終快速降回打呵欠前的溫度。這表明打呵欠是由腦部溫度升高觸發的，而且打呵欠確實能促使腦部降溫。

美國馬里蘭大學的生理學家普羅文和貝寧格也對呵欠做了十多年的研究。他們發現，夜間開車的司機會頻繁地大打呵欠，正在認真看書和做作業的學生也會呵欠連連，可是卻很少有人在床上打呵欠。打呵欠是人們覺得必須保持清醒狀態時，促進身體覺醒的一種反應，呵欠是一種自身的提神反應。

那麼，為何呵欠會具備傳染性，而且傳染性還這麼強呢？

呵欠傳染其實就是呵欠模仿 ⚡

呵欠之所以會具備傳染性，而且傳染性還這麼強，其實源於我們大腦對呵欠動作的模仿。在我們大腦皮層的特定區域，埋伏着一種特殊的神經細胞——鏡像神經元（mirror neuron）。它們會在我們看到或者聽到某個動作時被激活，促使我們像照鏡子一樣，模仿剛才那個動作。

很多動物都會打呵欠，貓、狗、大猩猩、河馬，甚至連魚都會打呵欠，但打呵欠傳染這件事目前只在人、黑猩猩、狒狒和狗身上發現過。神經生物學家發現，只有大腦皮層發達的脊椎動物，才有能力辨識呵欠、彼此傳染，這是複雜的社會行為，歸大腦的「高級意識和智力」部門負責。

呵欠傳染與移情能力相關

很多研究者認為，被打呵欠傳染的能力體現了一個人的移情能力，也就是一個理解他人的感受並與之產生共鳴的能力。移情能力越好，越容易被呵欠傳染。英國利茲大學的研究者做過一個試驗，他們找來心理系和工程系的學生回答一份調查移情能力的問卷。在開始答卷之前，每個學生都會與一個帶領者在一個房間裏隨意地待上10分鐘，而那位帶領者會在那10分鐘裏故意打呵欠。最後根據錄像的統計結果顯示，越容易被呵欠傳染的人，那份移情答卷也完成得越好。而心理系的學生比工程系學生更明顯地受到打呵欠的影響，在移情能力調查問卷中的得分也更高。

美國康涅狄格大學的研究者統計了120名6歲以下的幼兒，發現大部分孩子要到4歲以後才會被別人的呵欠傳染。另外他們還研究了30多名6至15歲的自閉症患兒，發現與同齡的正常兒童相比，自閉症患兒對別人的呵欠感知沒有那麼敏感。所以，在溝通與社交方面能力不足的人，很可能不太會受到呵欠的傳染，因為他們不善於設身處地地替別人着想。此外也有研究發現，不太受打呵欠影響的人往往比較理性、堅定、甚至冷酷，而易於受呵欠影響的人則比較敏感，也容易獲得別人的好感。

另一個與之相關的研究是，科學家們發現關係密切的人之間，更容易受呵欠的傳染。意大利比薩大學以及意大利認知科學和技術研究所的科學家，用一年的時間收集了超過100名不同國籍的成年人，在意大利或馬達加斯加島的真實場景中打呵欠的情況，然後他們開發了一個統計模型，來分析被試者與其他人的關係、原屬國籍、性別以及打呵

欠的情況。結果發現，打呵欠傳染在親人之間的發生率最高，其次是朋友之間，最後是熟人和陌生人之間。這也再次印證，打呵欠被傳染是移情的一種形式，越是關係密切，越容易體會到其他人在壓力、焦慮、無聊或疲勞時的感受。

看偶像劇笨人會變笨？

女人的三大必備物品，除了高跟鞋、化妝品之外，大概就是偶像劇了。然而，最近發表在《媒介心理學》雜誌（*Media Psychology*）上的一篇研究報告指出，偶像劇看多了，人會變笨！

行為同化：近朱者赤，近墨者黑

古語有云：近朱者赤，近墨者黑。當你深深地沉浸在偶像劇的劇情中，感受劇中人物的悲喜，與他們同哭同笑時，彷彿自己也變身為劇中人物。奧地利林茨大學心理學家馬庫斯・艾派勒等人發現，看了一段時間電視、電影甚至小說後，人的行為、思考方式等會受到影響，與片中的情況趨於一致。偶像劇裏相對簡單的社會背景和「腦殘」的對白，會在不知不覺中影響觀眾的思維方式、判斷能力和邏輯性，這種現象被稱為行為同化。

一項經典的社會心理學研究發現，僅僅是啟動人們頭腦中「老人」的概

念，就會讓這些人在實驗室到電梯的途中放慢走路速度。行為同化不僅發生在簡單的軀體運動領域，也會擴展到智力行為方面。另一項研究發現，與那些想像「超級模特兒」的被試者相比，想像成為「教授」的典型行為、生活方式和性格特質能讓人在常識測驗中得分更高。那篇研究報告也指出，在閱讀完一段以「愚笨的小流氓」為主角的簡短劇本後，人們在常識測驗中的成績會比那些閱讀中性材料的參與者要差。

什麼是偶像劇？

偶像劇，是指大量選用長相俊美的偶像藝人，採用符合社會流行趨勢的造型和服飾，以細膩愛情戲為主，主要場景設置是在現代的時裝電視劇，主要收視對象為青少年。這類電視劇的節奏通常比較緩慢，社會背景相對簡單，觀眾容易消化。

從行為同化的角度來看，看完幾十集的偶像劇後，人的思維與行為會被劇中人物同化，如果剛好主角又笨又傻，根據行為同化現象，看偶像劇還真可能令人變笨。

行為對比：神一般無法企及

其實社會心理學家不僅發現了行為同化現象，也發現了行為對比效應。看到一個無法企及的人物，相比較之下，更會覺得自己笨。在上文提到的例子中，與想像「超級模特兒」的人相比，想像「教授」的人在常識測驗中得分更高，然而，如果想像的是「超級教授」愛因斯坦，得分反而較低。

研究者們認為，之所以會出現這種情況，是由於具體的範例（如愛因斯坦）不僅會啟動人們腦海中關於「教授」的固有印象——聰明、睿智，

也同樣會促使人們拿自己和愛因斯坦相比較，然後得出「我其實不怎麼聰明」甚至是「相比愛因斯坦，我真是太笨了」這樣的結論。但在考慮一般的教授形象時，我們則更容易去考慮自己和他們的共同點，比如都上過大學。

通常在偶像劇中，若女主角又笨又傻，那麼一定會有一個神一般的男主角或男配角存在。當我們仰望這種神一般的人物時，是否心裏會湧起自卑感，進而覺得自己更笨了呢？

近因效應：偶像劇對人的智力影響時間很短暫

看到這裏，你是不是對偶像劇產生了恐懼？

其實，偶像劇對人的智力影響時間很短暫。心理學上有種說法叫近因效應，就是說，人會受到離你最近的因素影響。持續看一段時間某類型的電視劇後，劇中人物的說話語氣、思維方式，都會在觀看者身上有所體現。不過這個影響時間很短暫，看完一段時間後，觀眾自然會恢復，不會變「腦殘」。

並不是說看了偶像劇就一定會變笨，關鍵在於觀眾的關注點在哪裏。偶像劇的受眾人群一般是心智尚未成熟的青少年，他們比較容易沉迷其中，人生觀、價值觀、愛情觀比較容易產生偏差。如果能正確地引導，把關注點放在友誼、夢想、勇氣和愛等積極的層面上，偶像劇也會給我們帶來溫暖的感覺！

越睡得多反而越睏？

俗話說：「春睏秋乏夏打盹，睡不醒的冬三月。」在一年四季睏意如潮的日子裏，有一個疑問緊緊圍繞着我們：為什麼會越睡越睏呢？

一個不得不釐清的誤區

很多人都把自己睡不醒的原因歸結為睡眠時間不足，其實這是一個誤區。有這樣一個心理學試驗：

1977年，穆拉尼曾指導4對有強烈縮短睡眠時間願望的夫婦進行試驗。試驗採取的是逐漸縮短睡眠時間的方法。與此同時，為了使該項研究更具科學性，這4對夫婦每週要有三天時間在家接受腦電圖監測。他們採用的方法是：首先，每兩週縮短30分鐘睡眠時間，逐漸將睡眠時長縮短到5小時，這樣堅持一個月；之後，在此基礎上逐漸、適當地調整睡眠時間，以被試者白天無明顯睏意為標準。半年以後，這

8人中有2人每天睡5.5小時，4人每天睡5小時，2人每天只睡4.5小時。對他們進行身體和智能的全面檢查後，未發現有任何能力降低的跡象。此時這8人都變成了短睡眠者。堅持了半年後，再讓他們自由選擇睡眠時間，停止一切試驗。一年後追蹤觀察發現，8人的平均睡眠時長為6小時，一切正常。

穆拉尼的試驗證實，人類的睡眠時間長度是可以根據自身情況縮短的。睡眠時間縮短不會對我們的健康產生絕對的不良影響，主要還是看自己習不習慣。

越來越多的睡眠專家認為，人的睡眠時間長度不能一概而論，主要是看自己的身體要經過多少小時的睡眠可以恢復精神和體力。我們通過睡眠休息，只要醒來後感覺自己體力充沛、精神抖擻，就可以說是睡了一個好覺。因此，把自己睡不醒的原因簡單歸結為睡眠時間不夠是不科學的。

深睡？淺睡？

人的睡眠是有節律的，深睡眠和淺睡眠交替反覆進行，直到清醒。一般認為，淺睡眠佔人全部睡眠時間的47%至60%，深睡眠佔13%至23%，剩下的時間則是在做夢。其中最為重要的是深度睡眠，也就是我們常說的熟睡，也有人稱它為「腦睡眠」。深度睡眠時，人的大腦皮層細胞處於充分休息狀態，對穩定情緒、平衡心態、恢復精力有重要作用。可以說，如果有一場酣暢淋漓的熟睡，不論我們的身體如何勞累，都可以得到有效的緩解。

然而，過長的睡眠時間反而使大腦皮層被抑制的時間過久，讓人越睡越睏。大腦經過深睡眠期已經得到休整，希望接收到「工作」的命令時，我們卻還在睡覺。如果我們一再地給它下達睡覺的指令，大腦就會用淺睡眠的方式執行命令，讓我們不斷做夢，感覺總是睡不安穩，身體也會變得有些沉重。我們醒來後，更是覺得大腦混沌，疲憊異常。這時，我們就會有一種睏乏的感覺，認為自己還沒睡醒，奇怪自己怎麼會越睡越睏。

越睡越睏的幫兇——二氧化碳 ⚡

人體血液中含有大量的二氧化碳，它們最直接的作用就是調節人的呼吸，是人體強有力的呼吸劑。如果血液中二氧化碳濃度高，就會影響腦細胞代謝，降低腦細胞興奮度，抑制皮質活動。健康的成人在睡眠狀態時，呼吸會越來越慢，血液中的二氧化碳含量就會增加。有研究認為：一個正常人，醒時血液中二氧化碳分壓平均為41mmHg，入睡1小時後就會上升到44.6mmHg，睡的時間越長，濃度就越高。按這樣的上升速度，10小時以上的睡眠就可以將血液中蓄積的二氧化碳變成人體內的天然麻醉劑，讓人昏昏沉沉，很難清醒。

此外，室內二氧化碳含量偏高也是讓人越睡越睏的原因之一。近日，由美國紐約州立大學和加州大學勞倫斯伯克利國家實驗室共同完成的一項研究認為：室內二氧化碳濃度過高會直接影響人們的注意力和決策能力，使人更容易昏昏欲睡。威廉·菲斯克博士表示，當二氧化碳濃度超過1000ppm（百萬分率）時，被試者在9項測試中，有6項的成績明顯下降。當二氧化碳濃度超過2500ppm的時候，測試成績則更為糟糕。我們的臥室往往都是緊閉、不通風的，時間越長，空氣中的氧

氣含量就越少，室內二氧化碳濃度就會越來越高。在這樣的條件下，睡眠時依然在活動的大腦的反應會變得遲鈍，對於「清醒」命令的執行能力也會下降。所以，越睡越睏的無奈就在所難免了。

精神壓力才是最大的敵人！⚡

睡眠是讓人恢復元氣的重要方式。但是，睡眠能夠恢復的是身體上的勞累，對於精神疲勞卻不起任何作用，而精神狀態卻是影響睡眠的關鍵因素。有睡眠專家認為，75% 的睡眠問題都是由精神問題所導致的。睡眠問題研究專家魯瓦揚·帕羅拉博士就曾指出：「在疲憊與睡眠的緊密關係中，精神因素是非常重要的。如果從事的是自己非常喜歡的工作，即使減少睡眠時間，我們也不會感到十分疲倦。但當我們處境困難，某方面出現危機，因焦慮不安、心神不寧而導致睡眠不佳時，疲勞感會一天比一天加重。」

勞累一天的我們帶着不安進入夢鄉，身體卻沒有得到充分放鬆。如果不緩解精神疲勞，不論睡多久，我們還是會覺得累。要想睡一個好覺，就請在睡覺前放鬆身心，就像伏爾泰所說的：「上帝為了補償人間諸般煩惱事，給了我們希望和睡眠。」所以，不要把白天遇到的困難留給睡眠解決，大可以把問題留給明天解決。要給自己一個積極的心理暗示：今天睡一個好覺養精蓄銳，明天所有困難都會迎刃而解。

CHAPTER
02

愛情
讓
人
又愛又恨

情侶要性格相近還是互補?

為什麼肥妹總會有個竹竿男友?為什麼女友像我媽媽一樣管教我?什麼樣的性格才算合適,情侶要性格相近還是互補?我們為你揭開人際吸引、依戀關係背後的奧秘,助你找到一位志同道合的優質伴侶!

A:我們還是分手吧⋯⋯

B:為什麼?我做錯什麼了嗎?

A:你沒做錯什麼,你是個好人,只是我們性格不合。

B:什麼叫性格不合?我不接受這個理由!

大家可能在劇集或者身邊的情侶間聽過類似的對話,甚至你自己就曾遇到同樣的情況。我們不禁要發出疑問:怎樣才算性格適合?選擇另一半是要找性格相近還是性格互補的呢?

相似性原則

社會心理學家西奧多·紐科姆在1961年進行過一個試驗，他讓性格特徵相似的學生住在一起，也讓特徵相異的學生一起居住。紐科姆發現，性格特徵相似的同學彼此更友善，而且容易成為好友；而那些特徵相異的同學即使天天生活在同一個屋簷下，依舊難以相互喜歡並建立友誼。

除此之外，大量的實驗研究都證明了人際吸引的相似性原則，性格相似會導致人與人之間的吸引，他們會更容易相互接納和喜歡。許多時候，正是因為那個人有着和自己相近的一些特質，我們對對方的好感才會爆棚，產生觸電的感覺。相似，往往是許多情侶不知不覺走近彼此的原因。

社會交換原則

雖然相似性可以增強人際吸引力，但是社會交換原則表明，如果彼此的心理需求都能在對方身上得到滿足，雙方的喜愛程度會增加。大量的心理學資料和事實都證明，現實生活中相當一部分人的婚姻是基於互補關係而締結的。

一個支配型的男人往往會娶一個依賴型的女人，一個喜歡控制的高調女人往往會嫁給一個被動型且事事靠他人決定的低調丈夫。其中最極端的例子就是有虐待傾向和受虐傾向的人結合到一起。試想，如果一個正常人和有虐待傾向或受虐傾向的人結為連理，而雙方都不願意改變，最後很有可能以分居或離婚收場。

心理學家克切霍夫等人研究了從朋友到夫妻關係的過程中，不同的人際吸引因素所起的作用，結果發現，在初期交往時，距離、外貌等是構成人際吸引的重要因素；交往一段時間後，兩人三觀的相似顯得更為重要；在友誼和婚姻階段，雙方在人格特質上的互補、在需求上的互補，也發揮着重要的作用。

選擇怎樣的伴侶，決定於嬰兒時期

萬事皆有因，戀愛中的依戀關係同我們嬰兒時期與父母的依戀關係有很多相似性，明白自己與父母的依戀模式，有助於我們發展健康的戀愛關係。依戀理論的提出者英國精神分析師約翰‧鮑爾比，最初針對12個月大的寶寶做了試驗，觀察在陌生環境下，父母離開寶寶一段時間後再回到他們身邊時寶寶的反應。統計結果表明，寶寶大概分為如下三種依戀類型：

依戀理論（Attachment Theory）

依戀理論認為，我們從最初的撫養者（通常是父母）那裏獲得的情感連結經驗，將會影響着我們對於戀人的選擇。

1. 父母離開房間後，寶寶變得心煩意亂，父母返回時，他們會主動尋找父母，並很容易在安慰中平靜下來，這類寶寶是安全型的，大約佔60%。

2. 寶寶開始時不安，在分離後非常痛苦。而當重新與父母團聚時，他們又難以平靜，並經常出現相互矛盾的行為，既想得到安慰，又想「懲罰」擅離職守的父母。這種類型的寶寶屬焦慮及抵抗型，佔20%或更少。

3. 還有一種寶寶，他們不會因分離而過於痛苦，並在重聚時主動迴避
與父母的接觸，有時會把自己的注意力轉向地板上的物體，他們屬迴
避型，約佔20%。

後來的研究發現，戀人之間的依戀類型與嬰兒時期的依戀類型有着驚
人的相似性，如安全型的女生在等待伴侶到來時會焦慮地不停打電
話、傳訊息，見到伴侶後一切都平靜下來；焦慮及抵抗型的女生在伴
侶很晚回家時，明明想和他親密，卻偏偏翻白眼，不理不睬以示抵抗和
懲罰；迴避型的女生會較為冷淡，好像伴侶在與不在，她都是一個樣。

一個嬰兒在成長過程中和撫養者之間建立了依戀關係，如果嬰兒長大
後，在他人身上體驗到那種熟悉感和安全感，並恰好喜歡這種交往的
感覺，希望延續小時候的依戀關係，他就會選擇和撫養者性格相近的
戀人。如果他討厭延續小時候的依戀關係，就會選擇和撫養者性格不
相符，甚至性格相反的戀人。更典型的案例是，有戀父、戀母情結的
孩子通常會選擇一個在各方面都很像父親或母親的伴侶，使得這種依
戀情結得以延續。

 ## 誰說愛情只有一個樣？

如此看來，情侶之間不管性格是相似還是互補，兩者並不存在好壞之
分，相似互補都可能成為我們更愛彼此的理由。正所謂，蘿蔔白菜各
有所好，戀愛的形式多種多樣，在選擇情侶時，不必太拘泥於性格是
相似還是互補，不要被條條框框束縛住，如果雙方感覺良好，為什麼
不開開心心去愛呢？

情侶相處過程中，衝突爭執永遠在所難免，大部分的情侶三不五時都會起衝突。有心理學研究表明，每五次積極的互動就伴有一次衝突。而許多時候，男女雙方彼此爭吵的原因並不真的在於性格是相似還是互補，而在於男女性別造成思考方式不同，性格成了代罪羔羊。

選擇合適的人的確很重要，但是愛情的根本並不在於遇到了「王子」或者「公主」，而是戀愛雙方為了維護愛情共同努力，彼此之間溝通、理解，在相互磨合中得到甜美的愛情。

所以，性格相近和性格互補並沒有好壞之分。但是，幾乎所有心理學家和情感專家都強調：雙方的價值觀必須相似或者相近，這是兩個人能更好相處的基礎。

我們為什麼要接吻？

燈光微暗，情人四目相對，他輕摟着她纖細柔軟的腰肢，彼此的臉微微靠近，情不自禁地閉上眼睛，慢慢地感受雙方的氣息，直到柔軟的嘴唇敏感而細密地碰觸到一起，一股電流躥遍全身——他們接吻了！在這浪漫時刻，大腦一片空白，智商急劇下降，根本無法思考一個嚴肅的問題：我們為什麼要接吻？

接吻是一種本能抑或後天習得？

對於「為什麼要接吻」，你可能會得到簡單又直接的答案：因為好奇，因為想要，因為是ＸＸ○○的必備前戲……研究數據表明，93％的女性都希望情人吻她，而至少90％的男性也渴望親吻鍾愛的女子。

英國的德斯蒙德・莫里斯（Desmond Morris）在《親密行為》一書中把接吻和餵食聯繫起來，他認為人類的接吻是由靈長類動物的母親給幼

人類非最早懂得接吻的生物？

印度《愛經》、南美洲的陶器等資料中，均有大猩猩經常接吻的記載，非洲的矮黑猩猩甚至還會舌吻，證明早在人類出現之前就有了接吻。

兒嘴對嘴餵食這一動作演變而來的。母親這種嘴對嘴的餵食方式能極大地安撫幼兒，不失為一種表達愛意的方式。人類漸漸從這一原型中發展出更激情的方式，演變成我們今天所擁有的不止108式的吻了。他寫道：「如果年輕的情侶在用舌頭探索彼此的口腔時感受到了母親嘴對嘴餵食的舒適感，彼此間的信任和聯繫紐帶就會增強。」將接吻跟飢餓感互相關連，難怪人們有時會用「啃」字來形容激吻，形象又精妙。

有些研究學者則傾向認為，接吻是幼兒吮吸母親乳房行為的延展。尼克‧費舍爾（Nick Fisher）認為，人們雖然不記得當年吸吮母親乳房的情景，但內心深處存有大量相關感覺的暗示；如果沒有這種吮吸式的親吻，你會變得缺乏安全感，感受不到周圍的愛意。因此，成年後人們繼續通過接吻來表達深情，它能喚起人們心底愉快的回憶。

接吻能幫我們找到合適的伴侶！

兩個人相擁接吻，他們毫無保留地敞開自己，交換着彼此的氣息、味道、皮膚質感，以及秘密和情緒。嘴是人體最敏感的部位，佈滿了連接大腦愉快中樞的感覺神經。科學家認為，接吻涉及一個非常複雜的嗅覺與觸覺之間的信息交流，浪漫而動情的吻會增加人體內與愛情有關的催產素，傳遞觸覺、性興奮、親密感等，進而產生令人陶醉的心理滿足感，提升幸福感。

美國進化心理學家戈登‧蓋洛普（Gordon Gallup）在接受BBC採訪時說：「人們從接吻姿勢的調整中可以挖掘到潛在的信息。一時的意亂神迷將使人們迅速作出判斷，這取決於他們在基因上不相容的程度。」因此，時下認可度最高的觀點是：人類接吻是因為它能幫我們找到合適

的伴侶。男人和女人的臉靠近，信息素就會傳遞兩人是否會生育強壯後代的生物信息。

接吻的質量，同時決定着戀情的發展走向。美國紐約州立大學奧爾巴尼分校的一項調查發現，59%的男性和66%的女性原本被某人所吸引，但可能在一吻之後就會對對方徹底失去興趣。於是戈登·蓋洛普博士説：「一個吻所傳達的信息可以對戀情產生深刻的影響，它甚至是結束一段戀情的決定因素。雖然讓一對男女結合的力量有許多，但是接吻，尤其是初吻，可以起到一錘定音的作用。」

接吻有助於戀情穩定和諧地發展？

接吻在雙方身體愛撫中佔有極其重要的地位，比牽手、擁抱、撫摸甚至做愛更重要，更能增進情感。在異常熱情的接吻中，大腦底部的腦垂體會分泌後葉荷爾蒙，科學家認為這種荷爾蒙能促進人們形成戀愛關係。一項關於後葉荷爾蒙的研究表明，人們在親吻時能夠產生或者增強與對方建立一對一關係的欲望。

人類學家海倫·費舍爾認為：「性慾刺激你去尋找交配的對象；浪漫愛情激勵你將交配能源一次只集中在一個人身上；依戀感激勵你保持足夠長的伴侶關係，男女雙方可以一起陪孩子度過嬰兒期。」接吻可以刺激參與交配與繁殖的三個主要的大腦系統（性慾、浪漫愛情和長期依戀）中的任何一個，有助於戀情穩定和諧地發展。一項調查還顯示，女性把吻當作建立和檢查彼此關係的重要方式。「接吻幫助女性辨別愛人的忠誠度。如果彼此接吻的頻率突然減少，或接吻方式發生變化，她就可以敏感地覺察出對方的興趣正在減退。」

關於接吻的八個有趣研究結論

1. 59.1％的男性和72.2％的女性在接吻時都習慣把頭偏向右邊。德國心理學家奧努爾指出，這種行為可能反映了人們在胎兒時期頭部轉動的偏好。
2. 男人比女人更熱愛舌吻。男性的唾液中含有睾酮，這種唾液的交換能夠增強女性的性慾，使她更加樂於接受性愛。
3. 約80％的男女在接吻時都是閉着眼睛的。
4. 41％的人接吻時頭腦一片空白。
5. 接吻時大部分女性都期待男性主導。
6. 女性更在乎對方的口氣和牙齒。
7. 接吻時，81.2％的人一般把手放在對方的腰上或是摸對方的頭——襲胸的還是比較少見。
8. 男女對接受陌生異性的吻的態度不同，70％左右的男性在短時間內就能與一個新認識的異性接吻，而女性則不太能接受。

放閃到底是什麼心態？

「我會天天掛住你送給我的溫暖牌頸巾，就像掛住你一樣！」

「餐廳燭光晚餐，so sweet ！」

「一週年紀念日，BB♥ 豬豬～」

類似的閃光彈你一定沒少見，熱戀中的情侶合照，互表心意的公開宣言，在 facebook、Instagram、微博、推特等社交平台上，隨處可見。我們把這類行為統稱為「放閃」或「曬命」。

「放閃」這種行為，給旁人一種兩情相悅、如膠似漆的感覺。在這裏，我們將放閃分為兩種形式，一類為公共場所親熱，指的是身體上相對溫和的親密方式，比如牽手、擁抱、接吻。還有另外一類是於社交網絡的大肆放閃、曬幸福，如公開情侶間比較私密的話語、圖片。

愛情是比較私密的事情，很少有人喜歡將之與人分享；但是近年隨着網絡生活的普及，越來越多的人喜歡放閃，於是一個問題隨之而來，為什麼有人喜歡放閃？

放閃是對本能的一種滿足

愛情是從動物擇偶的機制進化而來的。對於一夫一妻制的動物來說，特別依戀並且需要一個伴侶，提起對方就會特別快樂，渴望與對方近距離接觸，這是一種本能需要。有個成語叫喜形於色，意思是自己抑制不住內心的喜悅，從而表現在臉上，被旁人感知到了。這種抑制不住也是小概率事件，即使是放閃也只是偶爾、不多見的，多數情況下都處於抑制狀態。而那種時常放閃，無間斷曬命的，多數以炫耀為主，告訴別人自己現在有多幸福。那人們為什麼喜歡炫耀呢？

進化心理學中有一個核心的思想：一種心理（如同情、嫉妒）能夠隨着人類的進化保留下來，是因為這種心理對人類的繁衍和生存有利。在繁衍方面，雄性要獲取雌性的芳心，必須要讓雌性知道他比其他雄性更有能力。如何才能讓雌性知道呢？有的鳥類會裝飾自己的巢穴；獅子會用尿液標記自己的領地；人類則需要炫耀自己的房產，炫耀自己的名車，或者炫耀自己朋友的質量、數量。遠古人類以打獵謀生，獲得的獵物需要和部落其他成員分享，這種變相的炫耀不僅可以證明自己的能力，提升自己的地位，還可以獲得女人的芳心。

那麼，既然已有伴侶，為何還要炫耀呢？其實誰能說擁有一個好的伴侶不是另一種意義上的魅力象徵呢？炫耀是一種本能的心理，並不是什麼貶義詞，對炫耀的度量的把握才是決定褒貶的關鍵因素。所以放閃的行為可以說是滿足本能的一種方式。

放閃是一種自我形象管理 ⚡

一些社交平台上，用戶大多會進行自我形象管理，也就是希望將自己受歡迎、優秀的一面展示給他人，例如上傳自己拍得好看的照片，顯得自己社交範圍廣等等。人們認為將最好的一面展現出來，才能獲得更多的支持和贊同，提升自己的名聲地位，獲得進入更高層次圈子的「門票」。公開展示恩愛這種行為也是自我形象建構的一部分——證明自己是有人愛的、受歡迎的，對異性是有吸引力的。

關於社交網絡的使用動機，有兩種截然相反的理論：社交增強（social enhancement）和社交補償（social compensation）。

社交增強 vs 社交補償

社交增強，即「好上加好」，也就是真實生活本來就很受歡迎的個體，會運用社交網絡進一步提升他們的歡迎度；而社交補償即「poor get richer」，也就是原本不怎麼受歡迎的個體運用社交網絡來補償他們的人際交往。

一般來說，前者的用戶主要是自信的、更外向的；後者的用戶自信心較弱，更內向。前段時間風靡一時的「右手女友」就是社交補償的一個很好的案例。2013 年 8 月，一組日本網友拍攝的女友餵食照走紅網絡，照片中一個外貌有點宅的男子被塗着性感紅色指甲油的白嫩小手餵食、捏臉，親密狀令人艷羨。這隻出鏡的手，竟是該男子的右手。拍攝者地主惠亮是典型的日本宅男，從這個角度分析，未嘗不是出於一種社交補償心理。

有時越放閃，越說明沒有安全感

戀愛中某一方對另一方（或對自己）的感情不夠自信，潛意識裏希望通過放閃這種行為宣告自己的佔有權，從而防止另一半出現某些狀況，自己也能從中獲得滿足感。人的內心越是缺少某種東西的時候，就越是希望表現出在這件東西上的富足感，曬恩愛也是如此。表面功夫是做給別人看的，尤其是給那些不看好這段感情的人看，所以不斷放閃，也是在極力證明「我們什麼問題也沒有，看我們多恩愛」。而實際上，這段關係極有可能已經出現了問題。

 ## 放閃背後，內心藏着無數小劇場！

你為什麼不放閃？

（1）戀愛中的一方對這段關係不夠滿意，潛意識裏希望在更多人面前偽裝自己依舊單身，以此來獲得更多潛在的戀愛機會。

（2）戀愛中的一方不希望獲得太大的公眾關注度，這種心態在所處環境中常有「起哄」「八卦」等現象出現時，表現得尤為顯著。

（3）戀愛雙方深知單身者的空虛寂寞孤獨冷，為了他人着想，盡量不去刺激他們。

（4）戀愛雙方深知在某些公共場合放閃的可怕下場，因此非常配合地保持低調。

（5）戀愛中有一方因為在比較保守的環境中成長，覺得「在公共場合放閃」本身就是一種非常「不規矩」的事情，所以一般不會這樣做。

不斷放閃，其實是因為……

（1）戀愛的雙方因為覺得很幸福很滿意，不自覺地在公共場合中表露出彼此的愛意。

（2）戀愛的一方因為情商較低，無法意識到公共場合和私下的區別，也無法察覺身邊人的異樣，因而行為比較隨意。

（3）戀愛中一方的周圍充滿了哀傷的光棍，並且戀愛關係是大部分光棍所嚮往的，於是這段關係轉而成為他在光棍朋友堆面前炫耀的資本。

（4）戀愛中一方急於獲得關注度，經常做些大動作以博取眼球。

在當今社會，愛就要表達出來，活在當下的每時每刻，只要把握好曬幸福的頻密程度，就既能把自己的美妙愛情展露人前，還能得到眾人充滿善意的祝福，何樂而不為？

不是冤家
不聚頭？

在電視劇裏，如果有一男一女初次見面就互相看不順眼，以後每次見面都像見了仇人似的，可能大部分觀眾都能預測到他們的感情路線了。為何原本的「冤家」卻成了彼此的意中人呢？

批評也是一種關注

心理學家赫洛克曾做過一個試驗，他把被試者分成四組，在四種不同誘因的情況下完成任務。第一組為受表揚組，每次工作後予以表揚和鼓勵；第二組為受訓斥組，每次工作後嚴加訓斥；第三組為被忽視組，不予評價，只讓其靜聽其他兩組受表揚或挨批評；第四組為控制組，讓他們與前三組隔離，不予任何評價。結果工作成績是前三組均優於控制組，受表揚組和受訓斥組明顯優於被忽視組，而受表揚組的成績不斷上升。

雖然這個試驗研究的是對工作結果的及時反饋會否對工作起到促進作

用，但從這個試驗中也可以看出人們對關注的需要，不管是積極的還是消極的。在親子教育中，常常有些孩子搗蛋調皮得讓父母頭痛，不管如何打罵都不起作用，其實孩子的這種行為有時是為了獲得父母的關注。

在「冤家」的互動模式裏，雖然大部分都是批評或針鋒相對，但也相當於給予了更多的關注。關注是一種能量上的投入，不管是正面的還是負面的，投入的能量越多，這個人或者這件事在你心裏的位置就越牢靠。

 ## 反差：原來在我心中你最美 ⚡

「冤家」之間的怦然心動往往在於突然發現原來對方也有優點，不似之前你對他的印象，或者是對方突然有一天也對你送上關心的話語，不似之前的冷言譏諷，這會讓你在心理上產生很大的反差。這種先貶後褒的反差更容易讓你對對方產生好感，而當你撇開成見，帶着好感去重新認識一個人時，就會發掘出他更多的優點，在你的眼中他就更特別了。

阿倫森效應

美國心理學家阿倫森曾做過一個試驗：實驗分四組進行，對某人給予不同的評價，藉以觀察被評價者對哪一組最具好感。第一組始終對其褒揚有加，第二組始終對其貶損否定，第三組先褒後貶，第四組先貶後褒。對數十人進行試驗過後發現，絕大部分人對第四組最具好感，而對第三組最為反感。阿倫森效應，是指人們最喜歡那些對自己的喜歡、獎勵、讚揚不斷增加的人或物，最不喜歡那些顯得不斷減少的人或物。

爭吵是彼此了解與適應的磨合 ⚡

在情侶或夫妻之間，爭吵幾乎是不可避免的。我們每個人的成長環境和經歷各不相同，每個人的價值觀、人生觀、對事物的看法也有所不同，爭吵是伴侶之間相互了解、彼此適應的磨合方式。美國婚姻專家約翰‧戈特曼曾做過一項調查，旨在研究那些能夠在結婚30年之後仍對配偶抱有熱情的夫妻，到底有什麼經營良方。結果發現，他們最明顯的共同點居然是——敢於吵架。所謂的敢於吵架，是指願意表達出自己的意見和不滿，從而尋找解決問題的途徑。

相對於情侶來說，「冤家」們似乎提前進入了這種磨合期。一般作為普通朋友，大家聊天的內容不外乎興趣愛好、每日趣聞等，而「冤家」們則已經開始了對對方的人品、人生觀、價值觀、行為方式的挑剔與批評。隨着爭吵，彼此了解得越深入，越有可能磨合出一種相對和諧的相處方式，並擦出愛的火花。

初戀

為什麼難以忘懷？

每個人的初戀，大都十分純情。跨過了初戀，愛情就產生出很多姿態。也許初戀不是生命裏最重要的人，卻是最獨特的。也許之後遇見的人甚至比他更好，但為什麼初戀總是難以忘懷呢？

一個老爺爺的心理學實驗

1927年，蘇聯心理學家蔡格尼克在試驗中將被試者分成兩組，然後讓所有被試者做22件簡單的事，一組被試者在完成過程中不會被打斷，另一組在過程中會隨機受到阻止。做完試驗後，在出乎被試者意料的情況下，立刻讓他回憶做了哪22件事。結果統計，對於未完成的事平均可回憶率高達68%，而對已完成的事只能回憶起43%。

蔡格尼克效應

對未完成的事比對已完成的事記得牢，這種現象被稱作蔡格尼克效應。

通過這個經典的試驗，我們發現，大部分人對於未完成事情的記憶效果優於對已經完成的事情，而更深層的解釋是，人們生而具有「完成欲」，傾向於完成一件事，如果做不完，就會牽腸掛肚。就是這種強大的內驅力讓我們完成了許多事情。

而在情感的學習之路上，我們並不都是和自己選擇的第一個情侶走完全部旅程。大多數人都是在經歷了許多情感之後，才慢慢學會戀愛，才慢慢找到合適的生命伴侶。但是由於人類這種完成欲作祟，初戀經常像一個小疙瘩，緊緊地繫在我們心頭，念念不忘。

但是你可能會說，我有好幾個前度，為什麼對初戀的感覺最不一樣？

曾經滄海難為水，除卻巫山不是雲

在經歷了十多年或者更長時間的單身貴族生活後，我們開始了戀愛。千百個日日夜夜對於愛情的幻想，終於在和初戀的戀愛中開始實現——第一次牽手在街上走，第一次深情擁吻，第一次收到情人節的禮物……許許多多的第一次都與初戀有關。

人們傾向於對第一次發生的事情印象深刻。通過首因效應，我們知道人們對於首先認知的事物都有控制不住的偏好，在腦海中的印象都會更深。在我們的詞語中，也有很多有關第一次的專屬詞，比如初戀、初吻和初

首因效應

是由美國心理學家洛欽斯首先提出的，首因效應是指人與人第一次交往中給對方留下的印象，在對方的頭腦中形成並佔據著主導地位。

夜，但是卻沒有二戀、二吻和二夜這樣的詞。

由此可見，人們對於自己的初戀印象深刻，符合人類自身的認知習慣，如果換到其他重要領域，人們還是會對其中的第一次印象深刻，比如第一次工作、第一次遠遊……

 ## 初戀，我們愛情的第一個老師 ⚡

相比童話愛情故事中一見鍾情的浪漫橋段，真實的愛情更多的是靠後天彼此學習與磨合獲得的。沒有戀愛的時候，看着愛情就像一個誘人的大蘋果，可是當我們第一口咬上去之後才驚呼：「怎麼是酸的？」

愛情並不是一味的甜美，其中註定有甜也有酸，註定要經歷許多挫折難關，就是在一次次磨擦中，我們才能學會如何和自己的伴侶更好地生活在一起。等我們走到這一步的時候，才發現身邊人已經不是那位初戀了。但是在和初戀交往中學習到的東西，卻幫助我們和現任更好地在一起。

你可能常常會想，早一點懂得愛情中的許多道理，就不會和初戀爭吵那麼多次，更不至於分手了。但是，這個世界始終沒有先知，只有經歷了才能更好地領悟相處之道。初戀是我們第一個重要的愛情老師，正是他（或她）讓我們明白愛情並不如想像中那麼天真。

如何看待自己或現任的初戀？

難忘初戀是人之常情，我們應該學會如何理性地對待初戀問題。如果你感覺自己對初戀依舊念念不忘，不要以為自己真正愛的就是初戀情人，因為對於任何人來說，初戀的感覺都有那麼一點難忘。如果你一味沉溺在對過去的眷戀中，而「義無反顧」地拋下現任，可能最後你會失去更多。因為，當下才是最重要的。如果你和初戀恰好都是單身，而彼此皆念念不忘，可以嘗試復合。但前提是，經歷了許多之後，你對愛情的認識真的更成熟了。

如果你不是自己現任的初戀，不要處處揶揄自己的現任對於初戀念念不忘，偶爾聽到對方提到那個人就無名火三丈起，動不動就問對方是不是還惦記着初戀。這樣只會讓現任對你不滿。你應該明白，初戀在任何人心中都有不一樣的地位（注意：不等於是最重要的地位！），我們要做的，應該是處理好當下的生活，通過行動，讓對方將自己放在心中最重要的位置。

當然，如果現任對於初戀的接觸超過了應有的度，我們還是應該當機立斷，不要過份容忍。

相處久了真的會有夫妻相？

有一條微博被網友們熱烈討論：一個男生向女神表白後被拒，理由令人哭笑不得：「你人品不錯，性格也好，我也不是很看重外表，但是聽說兩個人在一起以後會越長越像，所以……」於是最新款的好人卡橫空出世──我拒絕你是因為不想和你有夫妻相。是否真的有傳說中的夫妻相？到底是先有夫妻相再成夫妻，還是成了夫妻後才有夫妻相呢？

夫妻相真的存在嗎？

在現實生活中，我們確實常常發現很多夫妻或情侶長得很相似。

發表於2006年3月的《個性與個體差異》雜誌（*Personality and Individual Differences*）上的一項研究顯示，的確存在夫妻相。這項研究共招募了22名參與者，男女各11人。研究內容是，這22人必須對160對夫婦的外貌、性格和年齡作出評價。他們先分別看了一些男人和女人的照片，並不知道照片中哪些人是夫妻。但在評價時，他們

都一致地把長相和性格相似的男女認定為夫妻。研究人員還發現，生活在一起的時間越長，夫妻的長相就越相似。

共同生活讓夫妻相貌日趨相似

為何會有夫妻相呢？首先，人的生活經歷會從身體特徵上反映出來。愉快愛笑的人，臉部肌肉經常運動，因此臉上會出現一些笑紋。一對老年夫婦多年來的生活經歷，不論快樂與否，都會反映在他們的臉上。夫妻同吃同住，彼此了解，感情日深，心心相印。一個人往往會不自覺地模仿另一個人說話辦事時的臉部表情和動作，天長日久，潛移默化，臉部肌肉運動規律互相補充，向對方的方向發展，形成了一種自然習慣，產生了心理學上所說的「無聲移情效應」。這種「情同一體」就促進了臉部肌肉神經模仿運動的自身感應，使容貌發生修正，甚至連眼角皺紋的變化、臉部輪廓、鼻子和嘴角等，都慢慢地相似起來。同時，夫妻間長期接吻、擁抱、和諧的性生活等滿足皮膚飢餓的行動，也對夫妻面貌相似過程起到了加速作用。兩人生活在一起的時間越長，相似度會越高。

心理學家羅伯特・扎榮茨做了一個實驗來驗證這個現象。他通過份析比較情侶剛認識的時候和相處25年後的照片，得出了情侶的確長得越來越像的結論，而且相處得愉快的夫妻樣貌會更相似。

我們喜歡和我們相似的人

我們都喜歡和自己長得像的人，因為他們往往和我們具有相似的性格特點。加拿大西安大略大學（University of Western Ontario）的一名

研究人員發現，人們在選擇朋友或戀愛對象時，遺傳基因的相似性在選擇標準中佔有 30% 的比重。人們通常會下意識地認為，和與自己基因特徵相似的人相處起來可能會更融洽，因此人們在找朋友、挑選伴侶時，會尋找一些暗示基因相似的線索，比如體貌上或者性格上的相似點。

1. 性印記

由幾所大學共同進行的一項研究表明，女性更喜歡像她們父親那樣的男性，甚至連沒有血緣關係的養女也有同樣的偏好。參與此項研究的匈牙利佩奇大學（University of Pécs）的研究人員塔馬斯・伯瑞斯科把這一現象稱為「性印記」。也就是說，女性往往以她們的父親為標準，來選擇她們未來的伴侶。研究還發現，親密的父女關係常常會促使女兒最終嫁給和她們

俄狄浦斯情結

「性印記」被弗洛伊德稱為「俄狄浦斯情結」，他認為兒童成長到四至五歲的時候，會產生戀母戀父情結，男孩會幻想將來娶母親為妻（戀母型），而女孩會幻想長大後嫁給父親（戀父型），這種情結也會影響成年後對伴侶的選擇。

的父親相似的男性。同樣，與女兒關係親密的父親也往往會為女兒樹立一個模範丈夫的形象，這也是我們所說的「性印記」。人們一開始的擇偶就決定了夫妻相的存在，因為自己的相貌和父母相似，那麼在看到與自己有夫妻相的人時，就會覺得對方像自己的父母，從而產生好感。

2. 相似性吸引規律

在上文提出「性印記」的塔馬斯還指出，人們潛意識裏有個「配偶辨識機制」，通常情況下不被注意，而在潛意識裏依據配偶辨識機制來選擇配偶。從心理學上說，配偶辨識機制也服從相似性吸引的規律。

相似性吸引規律是指，其實人們內心都喜歡自己，哪怕自己不夠美麗；看到與自己相似的人，也會覺得熟悉，有似曾相識的感覺，就習慣傾向於認可他（她）。於是，從婚姻匹配假設出發，人們也就更願意選擇和自己外貌相似的人做伴侶，這便是「不是一家人，不進一家門」的道理所在。

總而言之，基因相似和共同的生活經歷是夫妻長相相似的重要原因。人們總是希望找一個與自己相似、與自己認識的模範丈夫（模範妻子）相似的伴侶，巧合的是，當與愛人一起經歷了人生的起伏之後，人們會驚奇地發現，自己竟然真的與愛人越來越像！

配偶辨識機制

配偶辨識機制是讓個體本能地尋找與自己相似的其他個體作配偶的潛意識，外貌相似的夫妻，擁有相同優良基因的可能性更大，對於優生有一定益處。

為何男人高潮後睡得像豬？

一次歡愉的性愛過後，女人意猶未盡，而男人卻已呼呼大睡。面對這種情況，許多女人不禁懷疑，難道男人不喜歡自己？難道愛情都是騙人的，男人只是追求性慾的釋放？

男人短驟快，女人長緩慢

千百年來，性都是全人類比較禁忌的話題。雖然很多人對其感興趣，但說到用科學的方法觀察和研究「性」，也只是最近一個世紀以來的事。20世紀中葉，馬斯特斯醫生和其助手約翰遜做了大量對性的臨床研究，觀察和總結出了人類性反應的基本模式。性反應模式一般包括四個時期：興奮期（excitement）、平台期（plateau）、高潮期（orgasm）和消退期（resolution）。

興奮期＝性慾產生、準備性交的階段。

平台期＝持續進行性刺激，因之帶來的愉悅感保持在一個高度上的階
　　　　段。

高潮期＝性興奮突然釋放的階段，而消退期則是隨後興奮感逐漸消退
　　　　的階段。

正常情況下，四個階段中興奮期和消退期持續時間最長，平台期次
之，高潮期最短（也就幾秒）。

雖然男女性反應都包括這四個基本階段，但是又不盡相同。男性達到
高潮比較快，平均4分鐘，消退得也較快，而女性則平均10至20分鐘
才能達到高潮，而男性在高潮之後存在一個生理不應期。具體解釋，
就是這個時候受得百般誘惑，生理上也不能產生性反應。而女性幾乎
沒有不應期。

由於男女性反應模式的差別，經常出現的問題是，男人高潮都過了，
女人還意猶未盡；女人還想要，而那隻豬卻已經睡着了，想起來就讓
人憂傷。

📢 千軍萬馬來催眠 ⚡

與男人性反應模式相匹配的是，在生理上男性更易在愛愛後產生睏
倦。性交的能量消耗、緊張肌肉的突然鬆弛以及激素的作用，共同作
用導致男性在做愛之後昏昏欲睡。所以男人事後要休息，睡意像千軍
萬馬來襲。

網上流傳着一套數據統計，計算做愛所消耗的熱量，聲稱做愛一次相當於慢跑20分鐘。雖然這個計算不是很嚴謹，但做愛的確是一項體力活動。尤其是高潮的時候，需要釋放大量的能量，加之高潮過後緊張的肌肉突然放鬆，它們都會帶來疲倦感。對於男性來說，只有迅速休息，盡快恢復自身的體能，才能更早地進行下一次基因散播運動。

另外，在做愛過程中，身體產生了許多種激素，其中一部分激素具有催眠的作用。很不幸的是，男性體內的激素在高潮後會立刻起作用，而女性則有20分鐘的緩衝時間。在性高潮的時候，大量的能量集中到性交上，結果會造成大腦出現短暫的缺氧（人們常稱高潮的時候大腦一片空白），這也導致了睏倦感的襲來。而女性多數高潮到達較晚，甚至沒有出現高潮，結果就是女人眼巴巴看着男人心滿意足地睡着。

高潮的愛後護理

閱畢全文，我們知道男性在性交之後容易睏倦是一件再正常不過的事情了，不用擔心他是不是不愛你而滿懷委屈。 但是探究真相的目的絕不止於了解。理解是為了體諒而不是縱容，探究是為了完善而非維持。真相絕不能作為我們不去嘗試更好生活的藉口。 既然我們已經知道了男人做愛後易睏倦的真相，作為女性就應該多一些體諒，而非惡狠狠地一腳踹過去，作為男性則應該多一些體貼而非我行我「睡」。

雷吉‧派特爾醫生建議，高潮結束之後，男性應試着深呼吸和慢慢地放鬆，就像衝刺後停下來那樣，這可以減輕熱量消耗帶來的睏倦感。在性愛中，前戲很重要，而歡愉後的愛撫一樣不可缺少。男性朋友們應勤奮一些，在自己攀上高峰之後，用溫暖的話語、溫柔的愛撫繼續

和伴侶交流，誰讓她們是長緩慢呢？這樣還顯得你溫柔而體貼。而女性朋友們，如果你的伴侶只是一味地倒頭大睡，不顧你的感受，試着和他交流，把自己的想法告訴他，讓他知道如果他多一點溫存，你會更快樂。這樣做，對性生活的和諧都是有益處的。性生活質量的提高，有助於伴侶之間的情感融合，從而促進家庭關係的和諧穩定，使整個家都甜甜蜜蜜。

參考資料：

1. BBC 紀錄片《21 世紀性愛指南》。

2.《懶女孩的性指南》，安妮塔·奈克著，東方出版社，2003 年 9 月。

3.《性學觀止》，賀蘭特·A·凱查杜里安著，2009 年 12 月。

為什麼男人會有

處女情結？

似乎對於每個男人來說，「處女」二字總是帶着巨大的誘惑力，帶着一種特殊的含義，這是一片他們渴望去征服的領地。女人若不是處女，男人會比吃了敗仗還要掃興。為什麼男人會有處女情結？

處女情結來自集體潛意識

1909 年，榮格與弗洛伊德應克拉克大學的邀請一同赴美。一晚，榮格做了一個夢，夢見自己進入了一所房子，房內的設置一層層由上往下越來越陳舊，到最後竟然是一個原始時期的石洞，他正打算探看洞裏的人類頭骨時，他就醒來了。

困惑之餘，榮格去找弗洛伊德解夢。弗洛伊德給他的解釋是：「你到底是盼着誰死啊？」榮格那時候還是弗洛伊德的學生，急忙說笑道：「哈哈！難怪那頭骨那麼像我親戚。」榮格把自己的懷疑藏在了肚子裏，慢慢從這個夢開始，發展出集體潛意識的觀點。與弗洛伊德略有不同的

是，榮格認為人格的結構是：意識、個人無意識和集體無意識。

其中的集體無意識，是指在世世代代人類的經驗活動中遺傳下來的無意識裏的痕跡。雖然榮格的這一理論還沒有很多可操作的實驗去證實，但是人類心理上的許多現象卻能與之相呼應。比如大部分人雖然從未見過蛇或者蜘蛛，卻本能地對蛇、蜘蛛存在恐懼的心理。對此最合理的解釋就是，人在進化過程中，將對蛇或蜘蛛的恐懼遺傳了下來。

作為一種理論，集體無意識反映了進化心理學的思想，即一些有利於個體繁衍的心理機制得到遺傳並保存在了人體內。而處女情結，這種偏好配偶是處女的心理機制，則以這種隱秘的形式長久遺傳了下來。

處女代表性忠貞

在遠古時期，人類沒有三從四德、《婚姻法》等條件來限制男女之間的關係，也沒有親子鑒定、滴血認親等手段去確認遺傳關係。除了媽媽知道這個孩子是自己親生的，孩子的爸爸真的不敢保證眼前這個寶寶就是自己的種。

但是在進化中，個體都有一種自私的傾向——努力保證自己的基因得以延續。在當時有限的條件下，固定配偶的婚姻制度便在進化中應運而生，長期固定的配偶可以最大限度地提高自己傳宗接代的成功率。

當然，婚姻也是有風險的，如果配偶暗地裏違反了婚姻的制約而搭上了別人（簡稱偷食），自己所有努力都會付諸東流，還辛辛苦苦地養大別人的孩子。所以，性忠貞也隨之被提上議題。如果配偶專一，生的

孩子自然就是自己的。

在性忠貞的要求下，男性在擇偶過程中形成了兩種偏好：婚前貞潔和婚後忠貞。

婚前貞潔成為一個重要的線索：如果這個女生對忠貞的傾向是穩定一致的，那麼結婚之前她會很檢點，以後跟了我還是會很檢點，至少我不會結婚六七個月就「喜當爹」。因此，婚前貞潔是維護父權的一種手段。

漸漸地，這種觀點成了許多男性的共識，而這種偏好也慢慢潛伏在了人類的集體無意識之中，形成了現在的處女情結。即使有時明知道自己是愛對方的，而不是因為對方是處女，但是對於處女還是有着潛意識上的偏好。

「喜當爹」現象

「喜當爹」一詞為內地網絡用語，用以調侃平凡的男人終於追到了女神，卻發現女神原來跟自己在一起之前已經懷孕，無奈接手替別人養孩子。

以我心，換你心

隨着現代避孕技術的提高與普及，社會對於性的觀點更加全面與開放，婚前性行為越來越多。調查結果顯示，近些年來，一些國家男性對於處女的重視程度已經有所下降，但是這不代表人類對於性忠貞已不那麼重視了。生物提高自身適應性、延續基因的傾向並沒有改變。即使對於處女不那麼在乎，人們對於婚後性忠貞的態度依然很堅決，

幾乎所有人都不能忍受「戴綠帽」。婚後的絕對忠誠才是保證自己基因得以延續的關鍵。

處女情結在以前的社會中，確實有其積極意義，但是在現代社會的大趨勢下，和自己未婚的情人發生性關係，以及在經歷數段感情之後才找到真愛的情況比比皆是。針對處女情結的偏執反而是不利的。

從男性的角度講，伴侶不是處女並不意味着她以後的孩子不是你的，若對此耿耿於懷的話，反而不利於以後的情感發展。而對於女性來說，和自己第一次發生性關係的人並不一定就是那個對的人，也不一定非他不嫁，找到合適的、能愛你一輩子的人才最重要。

人類經常引以為傲的一件事是，和動物相比，我們的情感更豐富、更微妙。人類兩性吸引，已經不再單純是為了基因的延續，而是深深沉溺於讓人幸福沉醉的愛情體驗之中。即使你潛意識裏有着對處女的偏好，但是作為一個成熟的人，應該有屬自己的理性，去辨別愛情中什麼才是最重要的。

愛情由幼稚到成熟總需要一個過程，雖然性和愛緊密相關，但性不等於愛。是不是處女與愛情無關，之前幾年發生的事情只是成長的寶貴經驗，以後的生活才是衡量愛情質量的硬道理。所以我們要做的，就是彼此坦誠相待，相互信任，相互理解，認真地過好當下的生活。攜手相伴，無論走到哪裏，都是屬自己的幸福大街。

參考資料：

《進化心理學》，D·M·巴斯著，華東師範大學出版社，2007年6月。

這段感情是該堅持還是放棄？

隨着時日的推進，熱戀時的新鮮感消失，也不如當初難離難捨了。不溫不火的相處使你疲倦，你一邊想着怎樣為愛情加溫，一邊考慮是不是乾脆回到一個人的生活，可是又心有不捨，你無法肯定下個更可愛，會不會遇到一樣的問題？

你進退兩難，應該堅持還是放棄？究竟有沒有辦法能助我們將愛情抽絲剝繭，找到問題的核心，從此一勞永逸、高枕無憂？

眾裏尋他的標準

有人説，愛情就是在世界上尋找失落的另一半。那麼可不可以量化愛情，讓我們快速找出最匹配的那個人，成就一段完美的戀情？

1992 年，美國心理學家亞歷山大·阿維拉根據榮格的性格差異理論和麥爾斯——布瑞格斯性格測試（MBTI）發明了戀愛類型系統，將尋愛之人分為 16 種類型，不同類型的人在面對親密關係時有其獨特的特質和偏好。知道自己的戀愛類型後，你就可以了解自己的戀愛需求以及匹配類型；得知對方的戀愛類型，你會立即知道這個人是否與你相

配，如何獲得他的愛情，以及你可以期待他和你發展成什麼樣的關係。

這聽起來似乎是一個好消息，但是——

（1）世界上所有的尋愛者不可能只有16種，類型匹配也不意味着匹配
　　 類型裏的任何一個都是良配，戀愛類型系統只是輔助我們更好地
　　 了解自己和對方。

（2）另外一項有名的愛情配對試驗揭示了：誠然愛情是一場精確的匹
　　 配遊戲，但最重要的是你自身的價值有多高，至於你採取什麼辦
　　 法去戀愛反而是次要的。但深究下去你會發現，人類的複雜就在
　　 於我們很難去判斷一個人的價值大小，而且不同的人判斷的標準
　　 也不一，況且人的價值也是隨着他的經歷在改變的。

人們都在尋找匹配的另一半，但理性的愛情匹配充其量只能為我們提
供一個判斷參考，我們只能在社會主流價值觀的指導下為自己的尋愛
劃出一個大致的範圍，對感情問題和潛在的風險作出初步的評估與衡
量。

Mr.Right也是與你不同的另一個人

親密關係裏的兩個人在相處過程中，難免會有磨擦和衝突，一部分原
因是因為我們與對方的情感模式和需求存在差異。

耶魯大學社會心理學教授羅伯特‧斯坦伯格提出愛情三角理論，認為
愛情體驗由激情、親密和承諾三大要素構成。激情指一種情緒上的着
迷，外表和內在的魅力是影響激情的重要因素；親密是兩個人心理上

互相喜歡的感覺，包括對對方的讚賞、照顧的願望，以及自我展露和內心的溝通；承諾主要指個人內心或口頭上對愛的預期，是愛情中最理性的成分。激情、親密和承諾三大要素構成了七種不同類型的「愛情」。

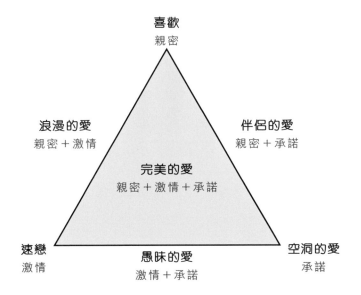

在斯坦伯格看來，除了完美的愛情外，其他的都是類似愛情或非愛情。但就算三要素齊全，完美的愛情也不一定能成為現實，雙方需要不斷平衡這三者的關係。

真愛難求，也無法一步到位，因此在現實生活中，我們更多的是先遇到其他六種感情模式，依據三要素大致判斷出對方的感情模式是否符

合自己的需求,考量在接下來的互動和付出過程中,彼此能否發展出此時欠缺的要素,從而使雙方的情感模式和需求不斷接近。如果不能,那麼就該好好思考是去是留了。這世上鮮有為某個人度身訂做的愛情,想要獲得和諧美好的感情,需要兩個人一起努力磨合,成長昇華。

陣痛是親密關係的必經階段 ⚡

有人說沒有一份感情不是千瘡百孔,愛情不可能一直都一帆風順,磨擦和衝突是難免的。愛情心理學認為,一段成熟的親密關係必須經過四個階段:

1. 共存:這是熱戀時期,情人不論何時何地總希望在一起。

2. 反依賴:感情穩定後,其中一方想要做自己想做的事,另一方就會感到被冷落。

3. 獨立:這是第二個階段的延續,要求更多獨立自主的時間和空間。

4. 共生:通過磨合後彼此建立出新的相處模式,雙方默契感與日俱增,深諳對方的愛情需求,心心相印,相互扶持成長。

一段成熟的親密關係必定會經歷共存、反依賴、獨立、共生四個階段,挺過磨合期的陣痛,才能迎來關係的昇華。大部分人在經歷第二、三階段時,誤以為熱情轉平淡就是愛情的消失,從而用壓制、指責、罪惡感或受害者姿態等方式,試圖改變、脅迫對方關注自己。殊不知,感情並不是成王敗寇的鬥爭。這時可制定一些相處準則(如不暴

力，不冷戰，不任性）來保持良性互動，給對方多一些自我空間，結合持續的關心，反而能促進感情穩步發展，從而進入到共生階段。

愛情壓彈能力

愛情壓彈能力泛指一個人面對愛情逆境、創傷、悲劇、威脅時的良好適應能力，也是個人面對情感挫折時的反彈能力。

當愛變得沉重，你還能負荷嗎？

但是如果衝突變劇烈，而雙方又不懂溝通，缺乏信任和包容，彼此傷害、折磨，這就會激發彼此的不安全感，愛情就會變得沉重，讓彼此變得脆弱，害怕被拋棄，害怕被傷害，害怕自己不值得被愛……這些創傷和恐懼就成了愛情的心理壓力，如此惡性循環不利於愛情的發展。

而愛情壓彈能力決定了一段關係的去留，有的人壓彈能力差，在面對這些負面情緒體驗時，會選擇自我毀滅的方式來處理，如自憐自歎、自我傷害等；有的人壓彈能力好，會選擇自我超越的方式來加以處理，如自我完善、坦然放下等。

我們不是神，不能滿足對方全部需要，也不該苛求對方滿足自己所有的需求和期待。當愛變得沉重，甚至成為不堪負荷的折磨時，或許放手是最好的選擇。給彼此自由吧，畢竟我們當初愛上對方的初衷不是為了束縛他，而是為了幸福。

不論堅持還是放棄，對你的選擇負責 ⚡

在感情中游離，不知該堅持還是該放棄的人，大部分都是因為做不到對自己負責，把問題歸咎於對方，認為造成現在局面的罪魁禍首都是別人。心理學上把這種人叫作逃避自由的人。當你放棄了選擇的自由，就會被動地淪為他人選擇的犧牲品。其實不管我們曾經怎樣，從現在這一刻起我們都可以自由選擇，我們的選擇決定了我們成為不同的人，選擇就是對自己負責。也許現實環境中在很多情況下是無法選擇的，但我們過什麼樣的生活、成為什麼樣的人，卻是自己的選擇。

這世上沒有完美的選擇，也沒有完美的戀人，只有更適合的選擇和磨合的愛情。愛情不止於選擇，任何選擇都是一個動態的變化過程。感情也不是一成不變的，學會接納變化的無常和不規則，樹立良好的戀愛心態，果斷堅持你所堅持的，放棄你承受不了的，然後對你的選擇負責。

情侶間如何不傷感情地吵架？

好不容易跟喜歡的人在一起了，甜蜜期過後卻總是爭吵不斷，問題得不到解決，兩個人開始冷戰，有時候真的在想，為什麼我們總是吵架，還是說他本來就不是我的Mr. Right？

吵架時，我們在吵什麼？

每段親密關係都不可避免地會發生衝突，但我們卻忽略了，吵架時，我們生氣的究竟是吵架的那件事，還是對方，抑或我們自己。

1. 爭吵是一種表達訴求的方式

在兩性關係裏，爭吵大多時候是一種溝通的渠道，雙方借助爭吵來表達需求，抒發情緒，其實它的潛台詞更多的是求關注，求安慰。

如果爭吵之後問題能夠得以解決，將會有效地促進親密關係，並為生活帶來更多的激情。但是如果爭吵最後由「表達」的訴求演變成「對抗

和攻擊」，就會給親密關係帶來災難性的打擊。因此要遵循對事不對人的原則，理性地爭吵能解決相互之間一直不願意去面對的問題，讓親密關係更加和諧。

一項有趣的研究表明，爭吵得到解決之後的情侶，在接下來的性愛中會體驗到更多的滿足感。41%的男人會在爭吵後用實際行動向女人表示我愛你。這種互動能消除小事造成的矛盾，但對原則性的矛盾（如婆媳糾紛）只能治標不治本，而且會越來越沒效果。聰明的女人會選擇在性行為之後和男人討論類似的原則性問題，因為在激情後雙方都能確認對方是愛自己的，在這個前提下討論問題則事半功倍。

不過需要提醒的是，要抓緊時間，因為男人做愛後很容易睡得像頭死豬。

2. 尖銳的批評容易埋下怒氣的種子

婚姻出現危機的一個初期預警信號就是尖銳的批評。健康的關係下，男女雙方能自如地表達抱怨，但怒氣沖沖時，抱怨便會以破壞性的方式表達出來。充滿輕蔑情緒的批評帶來毀滅性的傷害，憤怒的時候，情緒和言語都是指向人，而不是事，往往會表現為對他人人格的侮辱，而帶有人格攻擊以及輕蔑語氣的批評是破壞愛情的元兇之一。

隨着爭吵的升級，問題沒有得到解決，雙方心裏都留下了怒氣的種子，這個種子潛藏在心，引發了無意識的自發行為，擁有怒氣種子的人會自我確證，從對方的動作語言神態和行為處事中，不斷尋求蛛絲馬跡以證明對方是錯的，自己是對的，證明對方在傷害自己，而無意

識地忽略了對方友善的行為。於是之前受傷害的一方開始無中生有，把一些中立的行為看成是傷害行為，最後情緒爆發，彼此皆輸。

3. 情緒氾濫時容易引發敵對

情緒失控後，個體在短時間內很難從傷害和憤怒中復原，這種現象被稱為情緒氾濫。處在情緒氾濫狀態下的人無法正常地聽取意見，清晰地進行回應。男性為了自己不受情緒氾濫的影響，會對女性的話消極應對。但此時，男性對消極應對的渴望程度與妻子尋求情緒對抗的程度是一樣的，無法換位思考的雙方會爆發出更加激烈的敵對狀態。

 兩性思維方式不同，吵架也要有的放矢

哈佛大學心理學家卡羅爾・吉利根提出了兩性之間的主要差異：男性為獨立自主感到驕傲，女性則滿足於自己是兩性關係網的一部分。所以對於男性來說，影響婚姻滿意度最重要的因素是我有能力養活整個家庭；對女性而言，影響婚姻滿意度最重要的因素是夫婦之間的良好溝通。

美國得州大學奧斯汀分校的心理學家特德・L・休斯頓也認為：「對於妻子來說，親密關係意味着談論事情，尤其是談論感情關係本身。」但是遺憾的是，男人總是難以理解妻子的這種感情期望。「我想和她一起做事，但是她卻總是不停地説話。」男人會覺得夫婦兩人一起種花，會比談論個沒完沒了更能增進感情。

因為思維方式的不同，親密關係中的兩個人看待問題和處理問題的方

式也就不一樣。

對男人而言，女人鬧情緒只是為了表達她的需求，因為女人喜歡通過交流來增進感情，那麼男人就需要做一個安靜的傾聽者，讓女人感到他願意聽她發牢騷，並對她產生同理心，這種感覺很重要。

對女人而言，她們一般不會介意在爭吵中感到不快，所以總是會主動挑起感情衝突，但男人會本能地避免衝突。女人要多考慮到男人的感受，批評是允許的，但要避免帶有人格侮辱、輕蔑性的批評。

對雙方來說，爭吵的雙方應該做非辯護性的傾聽與交談，而不是冷戰。當男方消極逃避女方的感情衝突時，女方就要控制住自己的情緒，男人的逃避是一種信號，說明你帶有攻擊意味的話可能已經傷害到了他的自尊。這時女方最好立刻停下來，給雙方一個冷靜的時間，情緒平復後再鼓起勇氣道個歉，這樣男方會覺得女方善解人意。

如果發生矛盾的時候男女雙方都很難控制住情緒，這時雙方允許有5分鐘不受對方打斷的說話權利，進行非辯護性的傾聽和交談，相互陳述自己心裏的觀點。這個方法很有效，爭吵結束之後，男女雙方可以嘗試站在對方的立場上進行反思，這個過程會讓雙方之間獲得更多的理解和體諒。請允許我不斷地重複這一點：夫婦爭吵的時候，內容應該是事而不是對方的人格。

參考資料：

1.《情商》，丹尼爾·戈爾曼著，中信出版社，2010年10月。

2.《津巴多普通心理學》，菲利浦·津巴多等著，中國人民大學出版社，2008年7月。

由愛生恨
是怎麼回事？

經常會看到類似「×××求愛不成，因愛生恨，將對方殘忍殺害」的新聞，不得不感慨愛不僅會「生癡生念」，也一樣會「生嗔生恨」，得不到便不惜玉石俱焚，親手摧毀心愛的人。莫非愛恨只在一念之間，由愛生恨的人究竟是癡情還是薄情？

愛恨同源

愛可謂人類情緒體驗中最強烈的一種。從心理學上講，愛是我們對他人的一種心理能量的最大調動，當被調動起來的能量突然失去了釋放的對象，就會體驗到強烈的空虛、絕望、痛苦、憤怒、悲傷，而在這種心理狀態下常會做出失控行為。

研究證明，愛和憤怒在大腦中是聯繫在一起的。研究發現，一般的憤怒過程和額葉前部皮層中心緊密相連，後者是跟回報反應有關的結構，如贏得愛人的回報、認同，這種期待沒有得到滿足的反應被認為是「受挫──敵對假設」。所以，當愛的動力受到阻礙時，大腦就會將

激情轉變成憤怒，產生負面情緒甚至攻擊行為。

愛恨同源，我們對同一個人會同時懷有愛和恨兩種截然相反的感情，因為他身上同時具備我們喜歡和不喜歡的東西。如果關係比較疏遠，愛和恨會顯得比較微弱，接近中性；如果關係非常密切，愛和恨就會變得很強烈。有人問，為什麼有的情侶或夫妻一直相愛，看不出恨的痕跡？精神分析學認為，他們的恨被抑制住了。不管多相愛的兩個人，相處中都會有磨擦和矛盾，弗洛伊德稱所謂的「打情罵俏」為「詼諧」，但詼諧的本質是攻擊，不過換了件輕鬆的外衣，是變相的攻擊，是攻擊的昇華。

⚡ 愛在動機，還是愛在效果？ ⚡

你愛一個人，對方如果給予回應，你就會處在無限的幸福感受裏，誤以為自己有權完全佔有所愛的人，獨享他的所有關注。由愛生依戀，由依戀生佔有欲，當愛變成控制的時候，動機仍然是愛，但是行為已蛻變成佔有。

但愛不在動機，而在效果。你使出渾身解數，用自己的方式去愛，如果這一切都不是他想要的，他就感受不到愛，反而會覺得你不理解他，是在傷害他，這種對沖的壓制會引發他的敵對情緒。控制不是愛，因為控制者根本不顧對方的感受。這常體現在親子關係中，家長會說「都是為你好」，他們把自己認為是「對的」和「好的」的東西以各種方式強加給孩子，甚至不惜傷害孩子的心靈。社會上一度引發熱議的「父母迫害論」就由此而來，那些受到傷害的孩子們控訴着父母的「迫害」。

其實，人們日常所犯的最大的錯誤，就是對陌生人太客氣，而對親密的人太苛刻。越是親密越嚴厲，越會怒其不爭，恨鐵不成鋼，卻忘了對方是一個獨立的個體，會有不同的價值觀和思想，需要被尊重。

📢 極端的愛是一種病態自戀 ⚡

「愛始於自戀止於自卑」，愛是一種個人化的內心情感體驗，其中包括很多自戀的投射因素。新聞上常見的求愛不遂將對方殺害的案例，多源自畸形的愛，它旨在為極端自戀的「我」服務，而非渴望對方幸福。

當然，並非所有自戀都是病態的，在生活中隨處可見類似自戀人格特徵的人。美國《精神疾病診斷與統計手冊》中如此定義病理性的自戀：需要讚美

弗洛伊德談自戀

弗洛伊德認為自戀心理的形成可以追溯到 1 至 3 歲的嬰兒時期。在嬰兒的心理世界中，自我為他就是全能的上帝以自我為中心。當需求被滿足時，他就會因需求得不到滿足，就會因需求受挫而暴怒，大哭大鬧。

的，表現在幻想上和行為上的彌漫性「無所不能」，缺乏同理心，常始於幼年，並一直持續到目前。符合的標準中就有：被美麗或理想愛情的幻想所迷惑，相信自己是特別的、唯一的；有特權感，可享有特殊優待或他人自動的順從；缺乏同理心的能力，無視他人的情感和需要等。自戀者「一廂情願」地把自己的想法投射到他人身上，相信自己才是唯一的、最好的，他人應該認同自己，自己的願望也應該馬上得到滿足。當現實與自己想法存在差距，病理性自戀者往往會做出出格的行為，帶來巨大傷害。在他自己的意識裏，卻認為這是理所當然的。

恨是調節內心平衡的一種心理機制

愛一個人得不到回饋，在受到傷害後便會轉用恨的方式來掩蓋，恨是一種攻擊，通過攻擊讓自己認為不再愛了。心理防禦機制裏如此定義反向作用：將意識不能接受的內容壓抑進潛意識，並以相反的外顯行為體現出來。反向行為是一種無意識的壓抑行為，若使用得當，是一種適應性行為；若使用過度，壓抑太多，以反向行為表現出來，輕者不敢面對自己，重者將造成嚴重的心理困擾。

通常來說由恨產生的憤怒、悲傷等情緒對身體健康有害，會抑制免疫系統的功能發揮，但事實上，人們也需要通過這些情緒的宣洩，使自己走出困境，所以恨是我們調節內心平衡的一個工具。進化心理學認為，由愛生恨產生的憤怒消沉等情緒能幫助人們從「絕望反應」中解脫出來，重新開始。痛哭、目光呆滯、自我封閉等意志消沉的反應由應付機制進化而來：消沉是一種可信的信號，表明某件事不可救藥地出錯了，它是一種求救的信號，強迫受到很大壓力的人尋求幫助。

因此愛而不得時，人們通常會經歷這樣的心理過程：憤怒和抗議愛人的離開，試圖贏回愛人的認同，未果後重複憤怒和痛苦情緒，在狠狠痛過後徹底放棄，重新準備好，進行下一次戀愛。

CHAPTER
03

被
別

情

緒

吞
噬

看到別人痛，自己也會感到痛楚？

你有沒有試過，看到一些過於真實的血腥畫面而感到噁心或者痛苦？

看《死神來了》時，播到血腥鏡頭如被電梯夾斷腦袋，被塑料管直接刺穿頭部，我都忍不住閉上自己的眼睛，彷彿這些疼痛就發生在自己身上一樣。或者當目睹男人的重要部位受到攻擊的時候，心裏也會產生相應的疼痛感。為什麼看到別人疼痛就好像自己疼痛一樣呢？

讓你感同身受的同理心

這種對別人的疼痛感同身受的能力叫作同理心（empathy），又名共情，主要是一種能夠深入他人的主觀世界，感同身受的能力。這種能力不光是用來感覺疼痛的，看到他人難過的時候，我們也會難過，看到他人開心的時候，也會跟着開心，那麼看到別人痛苦，我們自然地也會痛苦。這種能力是與生俱來的，最簡單的一個例子就是，如果一群嬰兒在一起，其中一個哭了，其他的嬰兒也會很快被帶動起來，跟着一起哭，就是因為他們被先哭的嬰兒的情緒感染了。

隨着自身的發展，這種能力也在不斷地發展，成為我們與人交往、融入社會的基礎。要讓他人感到舒適，最核心的就是要理解他人內心的感受，而疼痛只是很小的一部分。這種能力也是一個優秀的心理諮詢師必備的素質，20世紀最偉大的心理治療師羅傑斯，就將同理心當作心理治療能夠發揮作用的核心。他認為，建立良好的諮詢關係的過程就是在與他人交流時，能進入到對方的精神境界，感受到對方的內心世界，能將心比心地對待對方，體驗對方的感受，並對對方的感情做出恰當的反應。

 ## 痛楚的反射鏡：鏡像神經元 ⚡

人的心理是大腦的一種機能，所以同理心在生理層面的大腦中也有所體現。20世紀90年代初，意大利的研究者偶然發現，當猴子有目的地做某個動作時，例如摘水果，它大腦中的這種神經元就會處於激活狀態。讓研究者吃驚的是，當其他猴子看到同伴做出摘水果的動作時，這些猴子的神經元也會被激活。這類剛剛進入人們視野的細胞似乎就像一面鏡子，能直接在觀察者的大腦中映射別人的動作，所以我們稱它們為鏡像神經元（mirror neuron）。

不出所料，科學家在人類大腦的不同部位都發現了這種鏡像神經元的蹤跡，而且證實了它們正是我們共情能力的源泉。

當我們看到別人受到攻擊時，被激活的鏡像神經元和自己受到攻擊時被激活的鏡像神經元是一樣的，所以我們也會不自覺地跟着感覺到疼痛。哎喲！

為什麼
難過時
心口會痛？

有一種難過，讓你有點透不過氣，細細的像被針刺到，感覺酸溜溜的，我們把這種感覺叫做「心痛」。而且，當我們感到心痛的時候，在心臟的位置好像真的會感覺到生理上的疼痛。到底「心痛」「心碎」「傷心」只是文學上的漂亮說法，還是確有其痛呢？

情緒理論演變史！

- 19世紀末的「詹姆斯─蘭格理論」認為，情緒體驗是由機體自主神經系統的生理變化（心率、血壓、激素水平等）造成的。
- 隨後的「坎農─巴德學說」認為，丘腦接收到外部刺激後，情緒體驗和生理變化是同時發生的，兩者都是丘腦控制的結果。
- 20世紀50年代，阿諾德提出「評定─興奮」說，他認為情緒是大腦皮層對刺激和環境的評定結果，按照「情景─評估─情緒」的過程產生。
- 20世紀60年代，沙赫特提出了兩因素理論，他認為情緒由兩個必不可少的因素產生：第一，個體體驗到高度的生理喚醒，如出汗、心慌等；第二，個體對於生理變化進行了認知性的喚醒。

心臟比看上去更複雜

有關情緒的理論眾說紛紜，在這片土壤上，誰都沒有絕對的證據駁倒其他理論而一枝獨秀。但綜合可以看出，心臟在情緒中並不僅僅是受制於大腦皮層那麼簡單。

雖然現代解剖學認為大腦是產生意識活動的基礎，而心理學絕大部分研究的是顱骨中那團灰質和白質，但在東西方文化中，仍傾向於將心臟視為靈魂的居所。一些學者認為，心是有一定特殊功能的。

心理學博士羅林・麥克拉蒂認為心臟具有自己的情感智能。在一個實驗中，他讓被試者坐在計算機前觀看一張張能夠誘發一定情緒的圖片，比如毒蛇、血腥場面、痛哭的人們……同時用儀器記錄下被試者的生理數據。結果，研究者驚訝地發現，心臟居然會在呈現圖片之後比大腦更快作出反應。

心理學教授蓋里・施瓦茨認為心臟的心內神經節擁有類似於大腦的功能，是心臟的「小腦」。這些心臟的小腦可以和人類的大腦一樣處理一些信息，甚至反饋給大腦。施瓦茨用一些做過心臟移植手術的例子來佐證自己的觀點。那些做過心臟移植手術的病人的性格和興趣愛好發生了巨大變化，他們變得更像心臟原來的主人。例如一位叫作詹姆斯的英國老漢本是一個粗魯散漫的人，但在接受心臟移植手術之後變成了一個善良細膩的詩人，而這正是心臟原主人的特點。

如果心臟真的具有自己的情感的話，那麼你在難過的時候，可能不僅僅是因激素造成的不適，你的心臟也在悲傷。但這種觀點還缺乏足夠的證據，比較公認的一點就是，心臟是一個敏感的器官。

心臟其實很敏感

倫敦大學學院的安德魯‧斯特普托教授做了一個這樣的實驗：讓被試者想像自己在逛超市時被冤枉偷了東西。許多被試者都感覺到了這個任務產生的壓力反應和不好的情緒體驗。實驗者記錄下了被試者的各項生理指標，並且立刻抽取了一部分血液，檢測其中化學成分含量的變化。

實驗結果顯示，除了血壓升高之外，被試者血液中壓力激素的含量也上升了，包括腎上腺素和皮質醇等。這些壓力激素可以幫助個體更好地應對外部環境帶來的壓力，比如更有活力地去同危險的野獸搏鬥。此外，血液中使人凝血和發炎的化學成分也會增加，它們和壓力激素有相似的作用。

我們都知道，心臟就像一個水泵，不斷地抽送血液，讓血液能在全身循環。但是它並不僅僅是一團會抽動的肉，它也是很敏感的，對於血液中激素含量的變化也會產生反應。這個時候，我們就會感覺到心臟的不適了。

而且有研究表明，情緒會影響人在生理上的感受。當我們產生負面情緒的時候，對於疼痛的感受性也會大大提高，主觀上更容易察覺到生理上的痛。平時感覺不是很明顯的微弱疼痛，此刻會被放大。反之，快樂的時候，疼痛感則會降低。

讓你痛是為了讓你活下來

有心理學家認為，人類在難受時會心痛，這是具有進化學意義的。作

為哺乳類動物，人類具有較長的成長期，在這個過程中人很脆弱，需要依附於哺育者（主要是母親）的保護，才能很好地在危險的環境中存活下來。

依戀被視為人類最早最重要的情感關係形式。在我們嗷嗷待哺的時候，最讓我們悲哀的事情就是媽媽不在身邊。為了能引起媽媽的注意，就要用哭聲將她喚過來。而喚起哭聲最簡單的辦法就是——痛！這樣，社會性疼痛便和生理性疼痛有機結合起來了。

蘇格蘭是心臟病高發的地區，他們的醫學專家長期致力於分析心臟病產生的各種原因。他們發現，在蘇格蘭經濟和社會極動盪的20世紀50年代出生的人，心臟病發病率極高。為此他們做了一項調查，從富裕地區和貧窮地區各選取350人。結果發現，出生自貧窮地區的人的體質更易發炎，也更易患心臟類疾病。也就是說，不好的生活環境不僅讓人們愁於生計，總是懷著負面的情緒，還會給他們一個應對惡劣環境的身體機制，這些東西對於我們敏感的心臟而言並不好。

蘇格蘭的哈里‧伯恩斯醫生認為：「動盪的環境，困苦的家庭，似乎將信息送到了嬰兒的腦袋，告訴他們外面的世界很危險，需要讓大腦內負責緊張壓力的區域發育得更強一些。」準備面對惡劣的環境結果，使得這一代生於憂患的孩子的體質更易患心臟病。

心痛其實更像是一個信號，它不僅反映了當時讓人痛苦的情景，其實也在給我們一個提示，那就是別再讓自己疼著了。就像摸熱爐子我們會被燙得縮手一樣，在面對令人心痛的事時，應該學會用心理學的方法平復自己的悲傷情緒，別老讓自己疼著。我們可以學學冥想，通過

安靜地集中精神，放空自己，將注意力集中到心的位置，靜靜聆聽心的聲音。

快速改善情緒！

難過心痛的時候，或者試試詹姆斯提出的一個快速改善情緒的簡單辦法：開心地坐直身體，並假裝很開心地説話和行動。因為我們的心臟很單純，它真的會跟着我們假裝的樣子開心起來。

我大聲
不代表我兇兇？

人類的情緒像天氣一樣變化多端，又隱秘難言，既有喜悅的眼淚，也有愛戀之下蒙上的那層恨意。那些是你說不清道不明的，你無法準確地預知自己或他人的情緒。然而，如果有心，你總還可以通過一些外在的線索來評估情緒。而聲調，就是這樣一個情緒的「溫度計」。

甜蜜時情人間的繾綣溫柔，高興時語調間的活潑與跳躍，還有生氣時的大聲怒吼……不同的聲線代表著不同的情緒。當你生氣時，你的聲音又急又高，你大聲地吼叫，隨着聲音越來越高，情況也越來越糟。為什麼會這樣呢？

幼稚的處事：聲音變成保護傘

如果有人說了或做了讓我們生氣的事，我們會覺得受到了傷害，就想

以同樣的方式去激怒對方，讓他也吃一些苦頭。我們出言相激，撂下了許多狠話，嗓門也越來越粗，甚至在心底暗暗地發誓：你不讓我好過，我也絕不讓你好過！

看到這裏，你是不是很想笑？沒錯，這是小朋友一樣幼稚的行為，它不會使衝突狀況得到任何緩和。可是你明明已經成年了啊，怎麼還會表現得像一個無理取鬧的小孩？

事實上，這是自我防禦機制的一種，即退行。你退回到了幼年時的樣子，借此來保護自己受傷的心。聲音是你的保護傘，你躲在自己的粗嗓門裏，將那顆受傷、難過的心包裹得嚴嚴實實。其實，你真正想說的只是這樣一句話：「我很難過，你傷害了我。」

📢 提醒對方：我在！我在這裏！⚡

生氣時會大聲說話，與存在性焦慮脫不了關係。

你很生氣，感到不被理解、不被接受，似乎所有人都離你很遠，沒有一個人願意親近你。而你的「自我」也因為他人的評價而萎縮了。你害怕自己很快就會消失掉，你害怕再也沒有人能夠「看見」你。為了減輕心底的焦慮，你大聲地宣告自己的存在。你大聲地吶喊，想要用你的聲線讓那些遠離你的人聽到：「喂，看着我，看着我！我在！我在這裏！」

存在性焦慮

存在性焦慮是一般性焦慮的其中一種形式，是一種對自我存在本質、對自我存在感的焦慮。當我們要受到毀滅、喪失、遭到羞辱或者遭到質疑時，就很容易發生存在性焦慮。

為自己增添勇氣，給對方施加壓力

生氣是一種負面的情緒。一旦因生氣而發生爭執，關係也就受到了動搖。此時此刻，你不僅需要面對存在性焦慮的困擾，還要面對關係破裂的可能性。這對於你來說，並不是一件容易的事。你明明心底很害怕，卻還是裝出一副無所謂的樣子，你大聲地喊叫，不過是為了給自己壯膽。

你也借用這種偽裝，為自己增添勇氣，其實同時為了給對方施加壓力。你表現得非常有氣勢，其實是把責任推給了對方，你潛意識裏的真實想法是，「這一切都是你的錯，是你造成了現在的局面」。這樣，即使結果真的很糟糕，你心底的愧疚感也會相對減輕。

 ## 情緒像流行性感冒一樣可以相互感染

此外，情緒還可以跑來竄去，像流行性感冒一樣相互傳染。

心理學家史丹利‧沙赫特和傑羅姆‧辛格曾經進行過一項有趣的研究。他們首先讓大學生們相信自己正在接受一份實驗劑量的維生素，而實際上那是腎上腺素。之後讓他們填寫一組問卷調查，並觀察另一個學生的表情，他們首先表露出氣憤，之後又表露出欣喜。那些目睹怒容的學生，在報告中說他們自己也感到非常生氣；而那些目睹笑容的學生，則在之後的報告中坦言感到很快樂。

這項研究證明，人們的情緒可以相互感染。同時，對大腦中的鏡像神經元的發現也進一步證實了這一點，當我們看到他人的表情時（語調也是表情的一種），鏡像神經元就會被激活，讓我們體驗到他人的感受，

走進他人的情感世界。

這對於積極情緒來說本是美事一樁。但一旦觸碰到消極情緒，卻也在劫難逃。當你生氣時，對方也會在潛意識裏感受你的情緒。起初，你的聲調只是略微上揚，這不過是你宣洩情緒的一種方式而已。可是到了後面，情況慢慢改變，對方的聲調也相應升高。你們相互影響，聲調越來越高，終於克制不住地一起厲聲大喊。

其實，這並非你的初衷，你盼望他溫柔待你。既然如此，那就從改變自己開始吧！根據人際交往的黃金法則，像你希望別人如何待你那樣去對待別人，也許你會看到一個不一樣的世界。

為什麼無法說出「謝謝」？

人類的語言無比奇妙，我們賦予它們不同的意義，在人際關係中產生作用。有些說話衝口而出，有些說話卻放在心裏久久未能開口。每個人的情況都不盡相同，或許，對於你來說——最難以開口的那句話是「謝謝」。這是為什麼呢？

對很多人來說，接受比付出更難

問一問自己，你覺得：接受更難還是付出更難？

德國的心理治療大師海靈格先生曾經說過這樣一段意味深長的話：付出與接受，是關係發展的兩個要素，豐沛的付出和坦然的接受，會推動一個關係的發展。我們既不能一味付出，也不能一味接受，否則，關係要不會陷入病態，要不就無法進行下去。

國內著名的心理諮詢師武志紅先生對這段話做了進一步的解讀：關係的敗壞在於失衡，而這種失衡更可能是由於拒絕接受，而非拒絕給予。

是的，對於許多人來說，接受比付出更難。因為，付出讓我們覺得自己有權利，而接受則讓我們感到有義務。相比義務，很多人更喜歡權利的滋味，這讓我們感到安全——我們是自由的，可以站在一個更高的位置上，不必受義務的約束。

「讓我幫助你吧。」
「我才不要！一旦我接受了你的好意，你就擁有了傷害我的權利。我才不要被你傷害。」

所以，一旦了解了這樣的心理機制，你就明白為什麼自己說不出感謝——你是這樣的膽怯，不願意接受他人的好意，害怕親近最後演變成傷害，你拒絕任何人進入自己的世界。

「喂，這樣會很孤單吧？」
「是啊，偷偷摸摸地躲在黑暗的角落裏，是很孤單，但是這樣也讓我感到安全。」

愛讓我們覺得理所當然 ⚡

除此之外，很多人都有這樣的認知：在親密關係之中，不必言謝。一旦道謝，便是見外。愛讓我們覺得理所當然，然而這是一種誤區。

研究表明，表示感謝並不僅僅是一種禮貌，更多的是在傳達一種心意。這樣做可以提升彼此的幸福感，激發對方的積極情緒。你的真誠謝意，會讓他感到自己被重視、被需要。

當然，前提是你的謝意必須是真誠的。它並不局限於一句話，也可以

是一個微笑、一個擁抱。而你想表達的是：「你對我的好我都看見了。我願意接受這樣的好意，我也願意好好地待你。對我來說，你很重要。謝謝你。」

如何表達感謝？

謝意是一顆方糖，更是人際關係中的潤滑劑。我們該如何正確地表達感謝呢？掌握五個技巧，有助於你正確地表達謝意。

1. 很鄭重地說謝謝。道謝要發自內心，請停頓一下，放慢你的語調。你的感謝是通過聲音和內容來傳達的，不要害羞。

2. 注視對方的眼睛，目光坦率而真誠，這會讓你所說的話變得更有意義。

3. 說出對方的名字。這會讓他感到自己是特別的，是受到重視的。

4. 針對具體的事情感謝別人。比起簡單的「謝謝」，具體的內容讓交流更加豐富，也更加有意義。

5. 在其他人面前讚美他。對於曾經幫助過你的人，表達讚美的最好的方式，就是在其他人面前，講述他對你的幫助。

參考資料：

1.《誰在我家》，伯特・海靈格著，世界圖書出版公司，2003年10月。

在熱鬧的聚會上感到格外孤獨？

「狂歡，是一群人的孤單」，聚會上人聲喧騰，光影錯落，身邊圍聚三五好友，他們談天說笑，好不熱鬧，可是，只有你自己知道，熱鬧是別人的，你的心裏卻莫名地感到格外孤獨。這是什麼緣故呢？

檢視心靈：你是內向型的人嗎？

1931 年，瑞士心理學家榮格根據心理能量流動的方向，提出了內向與外向的概念。他認為，如果一個人的心理能量（即他的興趣和注意）主要指向他人或外部刺激，那麼這個人就是外向的，否則就是內向的。

換句話說，外向的人從他們周圍的環境中獲得能量。他們能吸收旁人的好「氣氛」，所以需要很多很多的社交活動。而內向的人則自給自足，他們關注內心世界，熱鬧的社交場合反而會消耗他們的能量，讓他們感到疲憊與孤獨。如果說外向的人是太陽，那麼內向的人就是星辰，只有在漆黑的角落才能散發出光芒。他們生來就是心智的隱者，

推脱不掉的社交反而會折損他們的魅力。他們不善言辭，也不屑於那些流於表面的交談，浮動的光影、交錯的酒杯只會越發映照出他們的孤獨。

他們盼望的是人聲喧騰的聚會永遠也給不了的，怎能不感到孤獨？

心理舒適區：不打擾，是我的溫柔

每個人的內心都是一間小屋。這間小屋有窗戶，透過窗戶可以看見外面的世界：芬芳的花朵，快樂的鳥雀，金子一樣閃亮的陽光，這一切都讓心靈感到喜悅。小屋也有一扇門，門可開可關，若是關上便意味着「休息」，它可以擋去一些繁雜的聲音，保持心靈的平靜。

窗戶與門構成了你的「心理舒適區」。門有大小寬窄、銅門鐵門之別，而每個人的心理舒適區也不盡相同。過份的親近並不討人歡喜，只會迫使你走出舒適區，加劇你的孤獨感。因此過於喧鬧的聚會，只會將一部分人的心理舒適區置於被炙烤的境地。所以，保持適當的距離吧。我們都需要一個舒適的空間，過份的親近並不討人歡喜，不打擾，是我的溫柔。

心理舒適區

亦即我們常說的「comfort zone」，意即我們所習慣以及感到舒適安全的心理狀態，如果人們的行為超出了心理舒適區，就會感到不安、焦慮，甚至恐懼。

⚡ 一個無可爭辯的事實：你無法融入所有人之中 ⚡

人是群居動物，沒有人是一座孤島。無論你是怎樣的人，有着怎樣的性格與經歷，都不可避免地會被拉入一個小群體之中。那個群體是你的標籤，也是你的歸屬。然而，身處一個小群體之中，就同時意味着為另一個小群體所拒斥。

這是一個無可爭辯的事實——你無法融入所有人之中。在大型場合，所有人都會不自覺地劃分為幾個群體，你挨在三五人之間，人群像浪花一樣接近又相離，你的心也會越發孤獨。你多麼想去觸碰其他的浪花啊！可它們還是遠離了你。

為什麼有些人一看上去就很討厭？

與一見鍾情給人帶來的美好感覺相反，現實中有另外一些人，我們剛接觸就無緣無故地討厭他，他的一舉一動都讓你反感。你完全不清楚這種抵觸心理從何而來，不過在心理學看來，這世上沒有無緣無故的愛，也沒有無緣無故的討厭。

他長得讓人很討厭

我們討厭一個陌生人，可能是由成長中那些不堪回首的人或事所導致的負面心理經歷所致。心理學家認為：當人們在極力排斥一張面孔或者一個人的時候，作怪的其實是心中不自覺建立起來的「壞原型」，當接觸的對象接近壞原型時，我們便會不自覺地產生排斥和厭煩的感覺。榮格把人在出生後就具有思維、情感、知覺等方面的先天傾向稱為認知的原型，比如我們對於黑暗和蛇的恐懼，害怕長相兇狠的人，但對慈眉善目的人會沒來由地親近等等。

進化心理學研究也表明：在人類進化過程中，種群規模只能保持在一定範圍內，因此不具備某一種群特徵的個體會受到排斥。判斷的標準包括面孔熟悉度、口音、身體特徵和居住地等。排斥種群外成員，目的是使自己的種群得到維護，有利於種群的發展。兒童文學作品《醜小鴨》是最經典的例子。而存之於現代人類心理中的各種厭惡成分也都有其原型，即對威脅物的本能排斥，原型在人類的進化中與多種因素共同作用，逐漸得到擴展。

刻板印象導致的偏見

覺得眼前的這個人討厭，也許是刻板印象給你造成的偏見。刻板印象的形成，是由於我們在人際交往過程中，沒有時間和精力去和每個人都進行深入交往，而只能與其中的一部分成員交往，因此，只能由部分推知全部，這樣的主觀判斷往往導致偏見產生。

放眼望去，現實生活中的刻板印象無處不在：四川人火爆，上海人精明愛計較，東北人豪爽闊氣，肥人樂觀開朗，瘦子精明算計……行為研究數據證實，刻板印象會在與群體的接觸中，傾向尋找與刻板認識一致的信息，並過濾掉不一致的，從而不斷強化刻板印象。

刻板印象

刻板印象是指我們對某人或某一類人產生的一種比較固定的、類化的看法，而這樣的主觀印象會左右了我們在人際交往上的取向。

比如你去四川，正好遇上四川人當街吵架的情形，你的大腦就會激活「四川人火爆」的固有認知並加強它。如果你喜歡安靜，討厭嘈雜，下次遇到四川人，「四川人火爆」的刻板印象，可能就會讓你下意識地討厭那位無辜的苦主了。

📢 投射是一面鏡子，你討厭的別人可能是另一個自己 ⚡

心理學上認為，對一個人的好惡態度可能是投射效應在起作用。投射使人們傾向於按照自我認識來知覺他人，而不是按照被觀察者的真實情況進行知覺。所有的人際關係都是一面鏡子，透過它們你才能認識真正的自己。

心理學家羅斯做過一個實驗來研究投射效應，他在80名大學生中徵求意見，問他們是否願意背着一塊大牌子在校園裏走動。結果48名大學生同意背着牌子在校

投射效應

投射效應是指認為自己具有某種特性，他人也一定會有與自己相同或者相似的特性，從而把自己的感情、意志、性格特性投射到他人身上。這是強加於人的一種認知障礙。

園內走動，並且認為其他大部分學生都會願意；而拒絕背牌的學生則普遍認為，只有少數學生願意。可見，這些學生將自己的態度投射到了其他學生身上。

當人們發現自己有某些不好的特徵時，為了尋求心理平衡，就會把自己所不能接受的性格特徵投射到別人身上，認為別人也有這些惡習或觀念。這時，投射作用相當於一種自我保護，目的是減少內在焦慮。

常見的有下面四種投射方式:

1. 用否認方式逃避那些黑暗面、負面特質,如懶惰、驕傲、嫉妒、貪婪、邪惡等。通過否定他人來感知自己,是負性移情的一種情緒體現:把內心的憤怒情緒轉移給他人,通過討厭別人來證明自己不是那種人。(我沒有這些令人討厭的特點。)

2. 以強調別人和我一樣或比我更差的方式來得到滿足。在一個優秀的人面前,你內心會感到自卑,但潛意識裏卻又不願意承認這種自卑,於是就以「那個人很討厭」的形式呈現出來,在心理學上稱為「討厭緊縮反應」。(我覺得你會討厭我,所以我先討厭你。)

3. 進攻是最好的防禦,通過投射給他人,你獲得了對不能接受的東西加以攻擊的機會,與之保持一定距離,從而產生安全感。(真蠢,把事情搞砸了吧。)

4. 通過批評或阻止別人去做那些令人不快的事來欺人或自欺。(我不贊成你做這些噁心事。)

你所討厭的正是你要去面對與學習的

通過投射效應我們了解到,當我們無緣無故地討厭一個人時,並不意味着他真的非常差勁。所以當我們察覺到討厭時,要以此為引導,像照鏡子一樣找到討厭的原因,反省自問,去面對自己的焦慮、恐懼及其他負面情緒。美國的心靈導師拜倫‧凱蒂提出的「轉念作業」,用四個問題來幫助我們察覺自己的想法:

1. 那是真的嗎？

2. 我能確定那是真的嗎？

3. 相信那個念頭時，我是什麼反應？發生了些什麼？

4. 若沒有那個念頭，我會怎樣呢？

當了解到對方實際上是反映出自己內心的某些部分時，你就可以有針對性地去改變這個念頭，並改善人際關係。

為什麼倒楣的總是我？

哲學家赫拉克利特說過，「人不能兩次踏進同一條河流」。這話本來不錯，但對於那些倒楣鬼來說，他們不但兩次踏進了同一條河流，甚至於三次四次五次都是這樣。唉，為什麼倒楣的總是我？為什麼倒楣鬼總是碰不到好運氣？

感官知覺讓你充滿倒楣感

我們通過感官的知覺來感受物件，從而在頭腦中構築出外部世界的景象。然而，這種知覺是有選擇性的。不論何時，我們所捕捉到的信息就像閃光燈的光柱一樣，只能集中於我們體驗到的有限方面。

從某種角度來說，這是一個「瞎子摸象」的過程，只不過我們的選擇看似更為主動。知覺的這種特性將我們從本質上變成了「瞎子」，在有限的信息中摸索世界的真實模樣。無論你摸到的是什麼，都會頑固地將它視作唯一的事實。然而，真相並不總是只有一個。你摸到了那些發生在自己身上的一大堆倒楣事，說不定也漏掉了旁邊一些不起眼的好

事；你摸到了自己一副倒楣蛋的嘴臉，不妨也去問一問你的鄰居，說不定他也認定自己是天字第一號的倒楣鬼。正如塔爾瑪德所說：「我們並不是客觀地看待事物，而總是從我們自己的角度出發來看待事物。」

⚡ 社交媒體的盛行：人人爭做喜鵲，報喜不報憂 ⚡

社交媒體的出現，讓人們的自我表現欲得到了一個很好的施展空間。十個人裏頭有七個在面書上曬幸福，剩下的那三個，不是走在曬幸福的路上，就是正在琢磨着該如何從平淡的生活中抓取一點幸福來曬。

於是你發現，每個人都過得比你好。不是吃了一頓大餐，就是看了場電影；不是遊山玩水，四處踏青，就是呼朋引伴，飲酒談天。然而，在他們「好風景」的背後，究竟發生了哪些故事？誰知道呢。出於印象管理和自我服務的需要，大多數人在社交媒體上展現的僅僅是一個經過修飾的自己，就好像用美顏相機磨過皮的自拍照一樣。

而那些歡欣之餘的辛酸，確確實實地流在每個人的身上，只有自己才知道。

⚡ 雙重標準：我跟你不一樣 ⚡

此外，人們在對事情作出解釋時，常常採用雙重標準。同樣的壞事臨頭，發生在別人身上，那就是「太傻太天真」，或是「能力太差」，傾向於做內部歸因；而發生在自己身上，卻是「老天不公」、「運氣太差」，傾向於做外部歸因。如此一來，別人倒楣是罪有應得，而自己倒楣則是天妒英才，我們就更感覺自己委屈了。由於雙重標準作祟，人們將

發生在自己身上的倒楣事兒進行外部歸因，認定是老天不公，於是委屈之情更甚。

這就是「當事人與旁觀者差異」。經由這股煽風點火的力量，雞蛋孵化成了小雞，西瓜籽生長成大西瓜，一點點的倒楣事都在我們的眼裏被迅速放大至數萬倍。於是，因個人疏忽而致的錯誤，被理所當然地定位成了「倒楣」，一個倒楣鬼就這樣誕生了。

為什麼倒楣鬼總遇不到好運氣？

人們懷揣着「我真倒楣」的想法，任憑自己在情緒的河流裏飄飄蕩蕩，不斷地痛罵老天不長眼，卻忘了平息怒火，從自身出發做出本該有的反省，這樣，災難就會升級。

這就是情緒的連鎖反應。

其實，正如合理情緒療法的創始人艾利斯所宣稱的那樣，事件只是引發情緒和行為後果的間接原因，人們對事件發生後所抱持的態度才是調色盤上最濃墨重彩的一筆。你要做一個黑色的倒楣鬼，還是做一個彩色的改錯者，取決於你自己。

為什麼倒楣鬼總遇不到好運氣？你得先問問自己，為什麼你會讓自己變成倒楣鬼？

為何做錯事的永遠是我？

在你過去的經歷中，是否有過這樣的體驗？
有心、無心做錯了一件事，恰巧被人看見。
到下次這個情況再出現時，別人總會定義
是你做的，想說明白都不行，感覺跳進黃
河也洗不清。為什麼做錯事的總是我？

你對他人做了什麼？我們常常把這句話理解為「我做了什麼」。其實，
它還有一層含義：「你所做的事情在別人那裏產生了怎樣的影響？他們
是如何被你影響的？」我們在了解自己做了什麼的同時，還應當去了
解對別人而言意味着什麼，這才是事情完整的真相。

📢 情緒綁架了記憶 ⚡

説到印象，我們不得不提到記憶的概念以及記憶的過程。從認知心理
學信息加工的角度來看，記憶是一個對信息進行編碼、存儲和提取的
過程。那麼，這個過程是如何發生的呢？

在這裏不得不讚一下中文的博大精深，「記憶」兩個字極為形象和全面地概括了兩個基本過程：「記」（信息輸入）和「憶」（信息輸出）。

錯事作為行為刺激的信號，經大腦編碼後儲存了下來。大腦在這一階段完成了信息的輸入過程，這個時候印象初步形成。在這個過程中「某人做了錯事」作為信號被記錄了下來。人類的大腦是一部超級處理器，它在記錄事件的同時也會將當時的情緒體驗記錄下來。大量對記憶的研究證實，情緒記憶可以長久牢固地保持在腦海中，作為長時記憶，它能保持多年甚至終身。

每一段記憶都是一條鎖鏈，記憶中的各元素彼此緊密相連。當與之重複或類似的事件再次發生，一旦時間、地點、人物吻合，記憶的大門就會被重新打開，這裏的打開指的是記憶的輸出過程——再認和回憶。我們都知道，一件錯事給對方帶來的體驗通常是不愉快的。當錯事發生時，在場目睹錯事的見證者很容易將時間、地點、人物、事件記錄下來，在大腦中這些記憶元素按深度自動排列，順序依次為：

人物（事件主角，誰做的？）

↓

事件（事件內容，他做了什麼？）

↓

地點（事件環境，他在哪裏做的？）

↓

時間（事件標識，他什麼時候做的？）

毫無疑問，帶有情緒體驗的記憶常會被見證者賦予感情色彩，人物和錯事作為記憶鏈條中的兩個重要元素被牢牢綁定，在不愉快的情緒體驗的催化作用下固定下來。別人總認為錯事是你做的，是因為你在對方大腦中被看作是不良情緒體驗的刺激信號，想到你就想到你犯下的錯事。這是一種條件反射。

 ## 鎖鏈的這一頭牽動另一頭

巴甫洛夫認為，條件反射是後天獲得的，經學習才會。最初的刺激引起了不適的體驗（這屬非條件反射），任何無關刺激與非條件刺激相結合，都可以形成條件反射。

結合上文來看，做錯事的人是產生刺激的來源，也就自然成為產生條件反射的刺激信號之一，即使沒有出現原來的刺激（沒有再做錯事），也能引起對方的情緒體驗反應，想到他就認為他會做出不好的事情。反過來，類似不好的事情發生時，大腦會呈現出關聯反應——這事只有他能做得出來，或認為他做的可能性最大。

無奈和委屈就是被這個隱藏的心理過程所擊敗的。現在，你了解這個秘密了嗎？

 ## 如何洗白冤情？

首先，我們需要了解一下印象的分類與機制。

第一次在他人腦海中留下的印象，稱為首因效應。首因效應與記憶的

深刻程度成正比，記憶越深刻，越可能形成刻板印象。印象一旦被固化下來，對某些人或事就會形成持久穩固的看法。這就是為什麼別人總是認為錯事是你做的緣由，本質上來說，這是一種帶有慣性的心理活動。

1. 近因效應是弱化首因效應的良方

近因效應是指人們識記一系列事物時，對末尾部分項目的記憶效果優於對中間部分項目的。近因效應還有一個「沖刷作用」，個人意識中最清晰的記憶是最近發生的記憶，而最近發生的記憶成了植入新印象、修復舊有印象的最好契機。

任何人都無法改變記憶鎖鏈的元素。然而，去改變記憶中的認知從而改變情緒，新的印象也會因此產生。

認知行為治療之父艾利斯提出了情緒ABC理論，為我們改變情緒狀態提供了有力的依據。在情緒ABC理論中：A表示誘發性事件，B表示個體針對該誘發性事件產生的一些信念，即對這件事的一些看法、解釋，C表示自己產生的情緒和行為的結果。在這個過程中，引起C的直接原因是個體對A的認知和評價，即B。

2. 對於壞印象的預防

在錯誤不可避免的同時，認知並未馬上固化，當即的干預會盡可能地弱化不良印象，就如我們今天所知道的「危機干預」「危機公關」這

類工作一樣。化解錯誤行為的負面影響，避免形成壞印象，有如下策略：

① 認錯。無論有心、無心，都要承認事情的發生，表達誠意。

② 承擔。承擔責任，保證不犯同樣的錯誤，表達決心。你向他人做的保證會在他人那裏形成期待，不良印象因此得以消除。

③ 理解。去理解因你犯錯而受到影響的當事人的情緒。安撫對方的情緒，等待情緒消退。這樣可以避免將不良影響帶入將來。未完成任務理論認為，情緒沒有找到好的出口或不被接納會導致上文中提到的條件反射。

3. 對於壞印象的干預

如果壞印象錯過了干預期被保留下來，當時的畫面情境很難再做修改。這時的工作就轉向了干預。認知對決定印象的性質起着關鍵作用，新的認知對應於新的情緒，它會取代舊的認知，不需要去修改記憶元素。

對已經形成的不良印象的改善，所要做的工作就是印象重建。如果你不希望在別人那裏留下不好的印象，首先要做的就是調整自己的內在，去體察自己的行為，去理解對方的感受，勇敢地改正錯誤。然後你便會給別人帶來煥然一新的感覺，這樣很快就能將不良的印象消除掉。你可以想一想，如何讓今天的你與昨天的你不一樣，如何讓對方舒服愉悦。

如何提高情商？

你的身邊有沒有這樣一個人，她每天面帶微笑，她不特別有存在感，卻好像和每個人的關係都很好，無論是一些經常被大家忽略的人，還是那種特別難纏的人，與她都私交甚好。她看起來學習或工作的時間不比別人多，卻能夠表現得樣樣優秀。你甚至會納悶她為什麼會那麼討喜，看起來那麼幸運？

他們，就是情商高的人。

 情商是怎樣鍊成的？

現在的你面對着快節奏的生活、高負荷的工作和複雜的人際關係，你也相信沒有高情商是很難成功的，提高情商要從何處入手呢？

美國哈佛大學心理學教授丹尼爾‧卡尼提出了情商的構成特點。

什麼是「情商」

情緒商數（Emotional Intelligence Quotient，簡寫為EQ），通常簡稱為情商，是美國心理學家彼德‧薩洛維於1991年提出的，是一個自我情緒控制能力的指數。情商就是每個人與自我相處、與他人相處的能力。

1. 自我意識：知道自己當下的情感以及情感的緣由。
2. 自我調節：即使碰到了困難，也能控制自己的情緒。
3. 自我激勵：面對挫折能堅持，擁有自我開導和積極的態度。
4. 有同理心：能認識他人的情感，理解他人。
5. 社交技能：通過傾聽，理解和欣賞他人的感受，與人和睦相處。

高情商的人具有較強的情緒調節能力，能夠正確認識並接納自己，有樂觀積極的生活態度和良好的人際關係。

STEP1：認識自己的情緒

情緒的一般定義是，人的各種感覺、思想和行為的一種綜合的心理和生理狀態，是對外界刺激所產生的心理反應以及附帶的生理反應，如喜、怒、哀、樂等。如果按照定義去理解，情緒是一種反應，那我們就會發現每一件事情都有生氣的理由。他竟然對我用那麼不屑一顧的態度！你沒有聽到他用什麼惡毒的語氣說話嗎？！她這麼隨意打斷我講話真的好討厭……既然他們做了刺激我的事，那我理所當然該生他們的氣！

但實際上，情緒不是一種反應，而是一種決定。他該不該這麼對我，和我該不該發火，其實可以分作兩件事情來看。它們的差別是，前者是一種被動的反應，而後者是一種主動的決定。

為什麼這麼說呢？你想想看，比如跟男朋友約會，他遲到了半個小時。有人的感受是非常生氣，怎麼可以遲到？有人則會擔心，他會不會出了什麼事？也有人會想，他既然遲到，一定有不得已的原因，反

而產生了體諒的感覺。這下能理解了，我們所有的情緒，其實都是我們詮釋事件之後的主動決定。

STEP2：管理自己的情緒

認識情緒之後就是管理情緒。通常管理情緒的方法偏向於技巧類，比如情緒快要爆發時深呼吸、站在窗邊眺望遠方等等，應該說都是有效的，但治標不治本。一個人發火，其實很有可能不是因為導火線。

有一個故事是這樣的，某個科學家早上起床沒找到拖鞋，有點惱火。當時他沒注意到自己在生氣，去衛生間洗漱時，生氣的情緒一直在生長，他刮鬍子，不小心剃鬚刀掉地上了，撿起來後不小心又掉了，他心情更糟了。但他不能對剃鬚刀發脾氣啊，他走出衛生間，了解到小孩昨天的作業沒有做完，於是他大發雷霆，打了小孩一巴掌。他老婆感到莫名其妙，於是他們吵了起來。科學家摔門而出，開車上班去辦公室，但最後他沒到達辦公室，因為在路上出車禍了。

整個事情的起因是因為早上沒有找到拖鞋嗎？不是的，是因為他在沒找到拖鞋時積累了情緒，剃鬚刀掉時又積累了情緒，打孩子、和老婆吵架時繼續積累情緒，然後煩躁的情緒在路上爆發，悲劇就發生了。

這雖然是一個極端的案例，但極端的案例在新聞裏隨處可見，他們常見的特徵是「我受夠了，去死吧」的情緒突然爆發。情緒為什麼會突然爆發？因為「情緒是一條河流」。當情緒還是涓涓細流時，我們就要開始觀察與疏導。

回到科學家的例子。沒找到拖鞋？提醒自己今晚上床前得把拖鞋放好。剃鬚刀掉了又掉？認真地看著它說看來你我「緣分已盡」，隨手把它丟進垃圾桶。小孩沒完成作業，要去問為什麼，好好溝通也就不會和妻子吵架。情緒沒有因為前面的事情彙聚成洶湧的河流，開車的狀態就更安全穩定。

STEP3：學會自己激勵

也許你會說獎勵自己誰不會，心情不好的時候出去購物一番，心情瞬間大好。而我想說的是，學會獎勵自己，要用有效而不盲目的方式。伊利諾伊州立大學的心理學家愛德・迪恩納說：「對於快樂來說，物質主義是一種毒品。」精神獎勵才是激勵自己向前的最佳動力。

1. 寬恕的心

真正快樂的人追求個人成長，與別人建立親密關係；他們以自己的標準來衡量自己，從來不管別人做什麼或擁有什麼。密歇根州州立大學的心理學家克裏斯托弗・皮特森認為，寬恕與快樂緊緊相連，「寬恕是所有美德之中的王后，也是最難擁有的」。

2. 順其自然

你一定會發現生活中有很多事情讓我們束手無策，當你覺得無能為力的事情越來越多的時候，是不是忘了還有一種最有效的方式──「順其自然」？心理學家徹斯認為，生命中，人們也許正在處理棘手的事件，也許正在做腦部手術、玩樂器或者在和孩子一起解決難題，而其

影響都是一樣的：生命中許多活動的過程就是生命中的滿足。你不必加快腳步到達終點，順其自然就可以。

3. 感激生活

生活中瑣碎繁雜的事情很多，當你開始厭倦這樣日復一日枯燥生活的時候，你有沒有留給自己一顆感恩的心，發現當下最美麗的風景。比如，早晨上班的路上，你意外地發現今天的交通不那麼擠迫了，這時你可以感激一下生活，謝謝它帶給你這一天美好的開始。我相信，你稍稍感激一下，它會給你帶來最順利最滿意的一天。

📢 STEP4：合作與溝通 ⚡

學習理解那些對人際關係敏感度高的人，比如一個圈子裏最受歡迎的那個人，這有助於提高你的情商。其他的學習方法包括看小說——推理和愛情小說，以及讀一些心理學方面的專着。這有助於幫助你學習觀察和體會敏感情緒。

比如，她聲音突然變高是什麼意思，某些人的某些動作是什麼意思。體察要逐漸超越表面，體會那些背後的動機和情感。因為外在的表現有時是假的，需要大量積累、前後對照才能理解，一個女孩對你說「你這個流氓」，到底是對你有好感，還是想告訴別人「這兒有一個流氓」？

要留意的問題是，遇到他人的任何情緒都不能想「至於嗎？」「有必要嗎？」，要首先肯定別人的情緒：有必要，成立，有邏輯。然後努力從

這些行為和情緒中整理出邏輯來。千萬不能自以為是，作為一種訓練情商的方法，這需要在適當的時候求證。

如何建立良好的合作與溝通關係？

1. 培養良好的個性

如果有不良品質，即使交友很廣，也難得知心朋友；相反，如果你具有促進人際吸引的優秀品質，就會容易被別人視為知己。

2. 善於體察別人的真正需要

這些需要概括起來包括包容的需要、控制的需要、感情的需要。在人際交往中，我們不但要考慮到對方的個性品質，也要考慮對方的需求，因為人際交往的基礎是互補，只索取而不奉獻，或者只奉獻而不索取都是很難維持的。而且在交往中，最受大家歡迎的往往不是只懂風險的好人，也不是只知索取的賤人，而是準確回應別人需求的人。他懂得，別人情緒背後是對被尊重的渴望。

3. 掌握一定的人際交往技巧

掌握一定的人際交往技巧有助於提高自己的處世能力。人與人之間的交往不是隨心所欲的，而是有一定目的，並運用一定方法的。交往方法越好，人際關係越容易維持緊密。《人性的弱點》一書中指出，與人交往中不可批評、指責或抱怨，應真誠讚賞和欣賞別人，留下一個微笑，最重要的是尊重他，讓他認為自己是重要人物，滿足他的成就感。卡耐基還說：「記住他的名字，並叫出來！」

CHAPTER 04

我 們
天 生 有 點 病 態

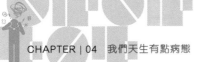

為何喜歡Whatsapp多於講電話？

想念一個人的時候，你會做什麼呢？是給他「腥」一條whatsapp，還是親自打電話告訴他「喂，我想你了」？我們不是盼望醒來後，夢裏想見的人立刻出現嗎？那為什麼還是有很多人，更喜歡傳訊息而不是打電話呢？

溝通要素的相對簡化

溝通是人與人發生相互聯繫的主要途徑，人醒着的時間中，大約80%都在進行着各種各樣的溝通。巴克認為溝通包括7個要素：信息源、信息、通道、信息接收人、反饋、障礙和背景。傳訊息這種純文字信息的溝通，在最大程度上簡化了溝通的要素，使得溝通在接近「真空」的狀態下進行，把溝通的諸要素最大限度地省了，只留下文字信息，弱化了其他要素（語音語調、情景等）對溝通的影響。

當然，這種弱化具有兩面性。比如不想把自己的糟糕心情傳染給對方時，文字信息能夠最大限度地為自己的情緒保密。但是，這種接近「真

空」狀態下的溝通也限制了雙方獲得的信息。因此，很多喜歡傳訊息的人會說，傳訊息避免了打電話時找不到話題的尷尬，也有更多的時間措辭，避免一個口誤傷害了對方。

 ## 溝通情境的可構築性

相比打電話、面對面交流這些即時溝通方式，傳訊息或者使用面書（Facebook）即時通訊等不同聊天工具，在溝通情景上具有更多的可構築性，因此個體在溝通中承擔的心理壓力也更小。所以，有些人會傾向於選擇這種交流方式。

利用聊天工具進行的溝通，其溝通情景可以分為3個層次：

1. 雙方交流過程中的共時情境；
2. 傳播雙方各自所處的現實情境；
3. 廣義上的情境（群體、組織、制度、規範、言語、文化等較大的情境）。

而利用聊天工具的溝通極大地避免了雙方所處的現實情境的相互感染。因此有些人會更傾向於選擇傳訊息而不是打電話。

簡而言之，延時溝通使得個體可以有選擇地構築溝通情境，減小個體在交流中的心理壓力。當然這種溝通情境的構築在人際交往中的利弊暫不作深入討論。可是，至少我們得承認，在某些情景下，低壓力的溝通情境更利於深入的情感交流。這也可以解釋，為什麼有些女生會選擇傳訊息給自己暗戀的「男神」表白，而不是直接打電話。

氣質類型與溝通偏好的選擇

我們每個人都是宇宙生命力獨特的展現，我們因相同有所聯繫，也因為相異有所成長。世界那麼大，沒有誰跟我們完全相同，我們是如此的相似而又如此的不同。即使面對同樣的事情，我們也會有各種不同的應對方式，在溝通上也不例外。有的人更喜歡傳訊息，而有的人無論如何也不給你傳訊息。

心理學上的「氣質」與我們平時說的「稟性」「脾氣」相似。心理學上把人的氣質分為四種類型：膽汁質，多血質，黏液質，抑鬱質。不同特質的人會有不同的行為方式。不過，生活中我們大多是其中兩種及以上類型的混合，單獨一種的比較少。當然氣質類型本身也無好壞之分。

人的氣質類型及特點

氣質類型	行為特點
膽汁質（興奮型）	攻擊性強，易幸福，不易約束
多血質（靈活型）	活潑好動，好交際
黏液質（安靜型）	安靜，堅定，遲緩，不好交際
抑鬱質（抑鬱型）	膽小，消極防禦反應強

膽汁質（興奮型）的人更願意用打電話的方式來解決問題，他們受不了

慢吞吞的節奏，喜歡乾脆直接見面聊。而抑鬱質（抑鬱型）就不同了，她或許就喜歡在網上發表傷春悲秋的文字，跟朋友一起感時傷懷一下，而那些文字大概也是經過她反覆推敲的。

總的來說，靈活性強的人，更能根據情境選擇某種或多種溝通方式；而靈活性相對較差的人，會比較容易膠着在某種他們已經習慣的溝通方式上。

氣質類型本無好壞之分，溝通方式亦是如此。只要我們能夠在溝通中照顧到自己和他人的感受，以及情景因素，那麼我想這樣的交流應該是愉快而又具有建設性的。

參考資料：
1.《新媒體中人際傳播的回歸與超越——以即時通信工具ＱＱ為例》，姚勁松著。

你為什麼不喜歡拍照？

當你樂此不疲地為別人拍照時，突然發現某個朋友在偷拍你，你的第一反應會是一邊遮臉一邊說「不要拍我，我不喜歡拍照」嗎？為什麼我們願意為別人拍照，自己卻不喜歡照相呢？

照鏡比拍照更漂亮？

不喜歡照相的同學，會覺得自己不上鏡，拍出來的照片比真人要醜，根本就不像自己。這時，人們通常是用照片和鏡子裏的自己作比較。一般來說，我們會認為鏡子裏的自己比照片上的自己要好看，而這很可能是由大腦的錯覺造成的。

有一個好玩的實驗。在大學新學期開始時，研究者讓一些女生在課堂上分別出現15次、10次或5次。這些女生從來不和教室裏的其他人交談，只是坐在那裏上課。然後，在學期末讓課堂裏真正的學生看這些女生的照片，並詢問他們的喜好。結果，出現次數越多的女生，對學生而言越有吸引力，比那些從未看到過的女生受歡迎。

這就是社會心理學家扎榮茨通過一系列實驗證明後提出的曝光效應：人們會偏好自己熟悉的事物（前提是這事物不讓人厭惡）。那麼，既然一般人照鏡子的次數比照相要多，自然會覺得鏡中人比照片更好看。反過來也可以理解為什麼有人熱衷於自拍或照相，也許就是因為她們照相的時間比照鏡子的時間還長吧。

曝光效應

曝光效應又名多看效應，社會心理學中被稱為熟悉定律，是指人們會單純因為自己對某事物的熟悉程度而產生好感。

靜態美不如動態美

其實不只我們覺得自己本人比照片好看，別人也會覺得真人比照片要漂亮。美國加州大學戴維斯分校的羅伯特・博斯特讓人們對比評價視頻和照片中的20個人的相貌。結果發現，同一張臉在視頻中的得分要比在照片中高。這種靜態臉不如動態臉有吸引力的現象被稱為凍臉效應。

為什麼呢？因為人們會把視頻裏同一張臉的不同位置、不同側面進行動態平均化，而「平均臉更有吸引力」。另外，動態臉更好地激活了我們的「面部識別神經機制」。畢竟，相機是最近幾百年才發明出來的，但我們大腦的臉部識別系統在長期的進化過程中都是用來加工動態臉，而不是靜態臉的。這樣可以輔證鏡中人更好看，因為照鏡子時很少一動不動，都會扭頭擺Pose吧。

凍臉效應

凍臉效應解釋的是一個心理學現象：人們認為視訊當中的人（動態畫面）要比同一個視訊當中的截圖（靜態畫面）更好看。

其實你不接納你自己

我們對自己的認識，來自長期以來慢慢形成的自我意識，這是對自己身心活動的覺察，即自己對自己的認識，具體包括認識自己的生理狀況、心理特徵以及自己與他人的關係。

當我們照鏡子的時候，看着鏡中人，無意中會不斷修飾、完善鏡中的形象，盡量使之符合自我意識。而照相的時候則不然，相片單調直接地記錄了人們某個瞬間的表情，一點迴旋的餘地都沒有。

不喜歡照相，是還未完全接受全部的自己，對自己缺乏接納和認同感。這就是為什麼我們看到有的人明明長得挺好看，卻也不喜歡照相，而有人長得一般卻很喜歡自拍。

心理預期過高

另一方面，很多人不願意照相，是因為對自己的心理預期過高。其實他們內心是很渴望照相的，但又特別在意結果，一方面希望自己的形象完美無瑕，一方面又怕照片上的形象不完美。這也折射出了他們的心理，即在人際交往中，把自己出席的場合以及交往的人都看得太重，於是變得特別敏感，生怕一不小心毀了形象。

此外，與西方人開放的態度、勇於表達自我的文化相比較，中國人更含蓄，更不願意成為焦點，覺得保持低調最好。這和傳統的中庸文化密切相關。

為什麼討厭指甲刮黑板的聲音？

也許很多人只是看到這個題目，都已經倒抽一口涼氣，覺得無法接受，但為了揭秘真相，深入了解自己，請耐心一點，忍一忍！

一道物理題引發的思考

曾經在一本初中物理的讀物上，看到這樣的一道題目：

董老師用粉筆在黑板上寫字，不小心將手指刮到黑板上，發出了非常刺耳的聲音。這種聲音刺耳的原因是……？

　　A 響度大　　　　　　B 音調高

　　C 音色差　　　　　　D 速度快

文中作者給出的分析是：手指刮到黑板上，比用粉筆在黑板上寫字時發出的聲音頻率大，故聲音比較尖細，音調較高，所以，應選B。

我的物理一直學得不怎麼好，也無從分辨這樣的分析是否妥當和完善，但我想，若只是歸結於指甲刮黑板時的音調比較高，這樣的答案是不是過於簡單了？是不是還有其他原因呢？

我們的耳朵很特別

人們之所以會厭煩指甲刮黑板的聲音，是由於人類的耳道結構。外耳道的平均長度是2.5cm，當聲音向鼓膜傳送時，外耳道能使聲音增強，讓那些聲音聽起來比實際更大聲，讓人更加心煩。

早在1986年，美國西北大學的研究人員就通過移除噪音中不同頻率的方式來進行研究。在那個年代，研究人員必須親自在黑板上製造這種噪音。他們發現，在消除聲音的高頻部分後，依舊無法緩解指甲刮黑板聲給人體帶來的不適。不過當他們去掉了聲音中的中低頻部分後，情況有所改觀，人們不會那麼難受。

直到2011年，德國和奧地利的音樂學者米夏埃多·厄勒和克里斯托夫·羅伊特斯才發現，引起人反感的波段處於2000Hz至4000Hz之間，它是人耳所能放大的最大的噪音。人耳對此波段的聲音特別敏感，指甲刮黑板聲就屬這個波段，它們會在人耳內得到放大，所以人會覺得不適。

有研究者特意給一些被試者聽指甲刮黑板的聲音，發現他們除了內心不爽以外，皮膚、心率和血壓都會產生生理反應。人們聽到刺耳的聲

音時，皮膚的導電性也會發生顯著的變化。不過，當去除處於 2000Hz 至 4000Hz 波段的聲音時，被試者表示不適程度急速下降。

大腦也有責任！

討厭聽到指甲刮黑板的聲音，不能只怪耳朵，大腦也有責任。研究發現，這種反應源於大腦中的杏仁體。為研究杏仁體與恐懼反應的關係，科學家進行了一項實驗。實驗邀請了 13 名志願者，讓他們分別聽到各種不同的噪音，在此過程中專業儀器會對他們的腦神經信號進行實時監測。

結果表明，越是聽到令人感到不快的噪音，這些志願者腦內的杏仁體就變得越大越亮。變大的杏仁體繼而激活了聽覺皮層中負責處理聲音的神經，使人們明顯感知到噪音的刺激。

大腦中的杏仁體

杏仁體是大腦顳葉內側左右對稱分佈的兩個形似杏仁的神經元，聚集組織，是基底核的一部分。杏仁體位於側腦室下角前端的上方。杏仁體是大腦邊緣系統的皮質下中樞，有調節內臟活動和產生情緒的功能。

心理因素作怪

當被試者認為聽到的是指甲刮黑板的聲音時，他們會覺得更難受；如果告訴他們那是樂曲裏的聲音，他們會覺得好受很多。前面那些原因都還不能解釋人為什麼會因為聲音的來源不同，而對它的感受有所不同。這說明了心理因素使得人類對高頻聲音的感受性有所不同。

這些聲音有自我保護的功能 ⚡

儘管聽到指甲刮黑板的聲音會讓人渾身發顫，很不舒服，但是不可否認的是，人類對於這種高頻的聲音是非常敏感的，因為這些聲音雖然令人不快，但卻是一個提示危險的信號。

研究人員在《神經科學學報》上發表報告說，指甲刮黑板或玻璃的音頻與尖叫聲、新生兒的哭聲以及猴子遇到危險時發出的聲音，均處於2000Hz 至4000Hz 之間。新生兒的哭聲往往讓父母無所適從，但可以確保新生兒不被大人忽視。猴子遇到危險時的聲音也很是刺耳，並且可以為其他同伴示警。因此，這種厭惡反應很可能是人類在進化過程中生成的古老生存本能。

最後，插一句題外話。隨着社會的發展，白粉筆配黑板的這種上課模式已經逐步退出了我們的課堂，教具改朝換代，越來越多的學校開始用白板代替黑板。當然，我們的噩夢也並未結束，馬克筆和白板磨擦後發出的「呻吟」同樣可怕，這讓課上睡覺的學生情何以堪啊？

為何人們喜歡寫「到此一遊」?

你是否試過在某個公眾地方寫下自己的名字?
是否有一種告知天下後來人「老子來過」的豪邁
感?這就是人們喜歡寫「到此一遊」的真相嗎?

2013年5月6日,在埃及神秘的盧克索神廟,一名來自四大文明古國之一中國的丁姓小朋友,將「丁XX到此一遊」七個字,刻在了歷史更悠久的文明古國遺跡中的一塊性感浮雕上。

事件一經曝光,立刻在網絡上掀起了對丁小朋友的口誅筆伐,進而發展成一場對中國遊客素質的反思大討論。全國各大景點的留言被網友和各大媒體頻繁曝光。

我們不如就嘗試通過三個相似事件,深度解析景點留言的現象。

事件一：破窗事件

時　　間：1969 年

地　　點：美國加州帕洛阿爾托（較整潔的中產社區）和紐約布朗
　　　　　克斯區（相對貧窮混亂）

策 劃 人：菲利普‧津巴多

事件經過：兩輛一模一樣的小汽車，分別停放在兩個區。放在布
　　　　　朗克斯區的車很快就遭到了破壞，貴重部件遭偷竊，
　　　　　車身被刮，三天時間內成為一堆廢鐵。停放在帕洛阿
　　　　　爾托區的小汽車，一週後依然完好無損。萬惡的策劃
　　　　　人開始了他「罪惡」的一步，提著鐵錘給那輛在帕洛阿
　　　　　爾托區完好無損的車的車窗砸了個大洞。結果，僅幾
　　　　　個小時之後，就有人將其廢鐵化，而且這些破壞者當
　　　　　中不乏衣冠楚楚的中產階級。

美國政治家威爾遜和犯罪學家凱琳在此事件基礎上提出了破窗理論，即當事物遭到破壞後沒有得到及時的修復時，某種示範性的縱容會使更多人加入破壞的行列。

在一個景點之中，一件已被之前的遊客塗鴉過的事物，就像案件中已經被砸破的車窗一樣。這時候，即使知道所謂的規範，但大家還是在破窗效應的作用下，欣然加入留言的行列，結果是各式各樣的留言蔚然成風。

按照操作行為主義心理學的觀點，人們行為的習得是因為得到了強化，而強化的方式就是在行為出現後給予獎勵。但是根據上述案例可以發現，僅僅通過對榜樣行為的觀察，觀察者就會習得某個行為。

事件二：虐待芭比事件

時　　間：1961年

地　　點：斯坦福大學

策 劃 人：阿爾伯特·班杜拉

事件簡述：班杜拉讓兩組幼兒園小孩分別進入兩個屋子，屋子
　　　　　裏放着很多玩具供他們玩，其中一組看到一個大人在
　　　　　那兒虐待一個芭比娃娃，拳打腳踢不過癮，還拿棒子
　　　　　捶，而另一個屋子裏則沒有這樣喪心病狂的大叔。之
　　　　　後給兩組小朋友一點挫折（比如先給他們看好玩的玩
　　　　　具，卻不讓他們玩），再讓他們各玩各的。結果看過大
　　　　　叔欺負芭比娃娃的孩子當中，有不少會學着大叔的模
　　　　　樣打娃娃發洩。

於是，班杜拉在此基礎上提出觀察學習的理論，認為人們僅僅通過對
榜樣的觀察（榜樣是比自己強大的人，在此事件中即有暴力行為的大
叔），就能習得某種行為。班杜拉還提出了觀察學習的四個基本過程：
注意過程，保持過程，動作再現過程，動機過程。但是，班杜拉依然
強調強化的作用，即觀察學習的動機過程。其中，動機過程又包括三
種：外部強化、替代強化和自我強化。

通過電視節目或者現場觀察，我們注意到了人們會在景點施放「到此一
遊」的魔法技能（注意過程）。隨後，這個技能絢爛的特效在腦中記錄
下來（保持過程）。等自己到了景點，根據已有的觀察，照貓畫虎地跟
着施放了「到此一遊」的技能，完成了「豐富」景點人文內容的任務（動
作再現過程）。

但是，遊客既沒有在題字後得到別人的獎勵（外部強化），也沒有直接看到誰因為這麼做而得到獎勵（替代強化），更多的是通過對自我良好感覺的一個評價（自我強化）。

事件三：齊天大聖到此一遊

時　　　間：不詳

地　　　點：如來佛祖的中指上

策　劃　人：孫悟空

事件分析：《西遊記》中，當孫悟空自信滿滿地「完成」跳出佛祖手心的任務時，成就感倍增。為了證明自己的能力，他留下了「齊天大聖，到此一遊」八個大字作為證據。悟空通過在柱子上的題字，炫耀了自己的成就，顯示了自己的能力。而且孫悟空同時做了一個動物的原始行為——撒尿。這是動物維護自己領域空間的經典動作。

在旅遊景點，文藝一點的抒發方法是作詩繪畫，用昇華的作品，將「我來過」表達出來，比如李白在黃鶴樓觀賞，興致盎然地要作詩，結果發現崔顥已經寫了一首好詩，只能悻悻然說「眼前有景道不得，崔顥題詩在上頭」；普通一點的做法，就會把自己的名字留在景點，「×××到此一遊」，直接有效地告訴後來人，「老子來過」；熱戀男女呢，則會留下「×××和×××天長地久」之類的文字。

雖然人類已經不用撒尿標識領域空間，但是「到此一遊」代替了大小便，變相地滿足這種地域征服的本能。各式各樣的留言行為，多多少少都有炫耀的成分。正所謂，「人過留名，雁過留聲」，人幾乎都有一種炫耀的本能或者追求成就的動機，因為能力的彰顯和成長，對一個人的生存適應是有積極意義的。

而將這種景區留名的行為歸結為中國人的劣根性就有些誇大其詞了。英國浪漫詩人拜倫，就喜歡到處留名，許多他題的字甚至成了景點。一些國外景點也不乏類似「到此一遊」的行為。可見，「到此一遊」是世人的共同愛好。

「到此一遊」，這個愛好對於題字者來說，能夠顯示存在感，但是對於景區文物來說，未必是一件好事。題字對一些珍貴文物的破壞效果是不可逆的，而且許多題字嚴重影響了景點應有的美觀。所以還是呼籲大家，題字很過癮，下筆需謹慎。畢竟你不是那些景點的擁有者，而且你還會把自己的姓名留給警方。

很痛，為什麼還是喜歡擠痘痘？

你是否總忍不住動手去修理那些煩人的痘痘，不擠就會不舒服，當擠爆了、膿頭像箭一樣飛射出來時，你卻有種難以言喻的快感。難道真的十五十六唔擠唔舒服？

明知不可為而為之

喜歡擠痘痘的人，雖未到強迫症的地步，但卻有着強迫傾向和行為，就是說，明知擠痘痘不好，還會留下疤痕，但總是受不了，一旦它們長在臉上或身體上，總忍不住去擠它。當每次擠得血肉模糊時，又後悔，都說不擠痘痘，為什麼還要擠呢，下次一定不再擠了。可是，下次……下次又是好了傷疤忘了痛，照擠不誤。

強迫症

即強迫性神經症，是一種神經官能症，為焦慮症的一種。患有此病症的患者總是被一種入侵反覆出現的思維所困擾，是在生活中一種式的強迫觀念及強迫行為，有此種強迫所困擾，是在生活中總感到不安、恐慌或者擔憂等，從而重複某種行為，舒緩此種壓迫感。

而且，他們連別人的痘痘也不放過，別人不讓他們擠，至少不讓他們在大庭廣眾之下擠，他們還非擠不可。擠痘痘就像是撓癢癢，不撓渾身都不自在，撓完就舒服了，爽歪歪了。可以說，擠痘痘也是減輕焦慮感的一種方式。

寧為玉碎，不為瓦全！

看到痘痘總忍不住擠，可能是追求完美主義的表現。完美主義也有兩面，病態的完美主義會使人追求過高且無法實現的目標，並在失敗時給人帶來極大的痛苦；而正常的完美主義能帶給人們追求目標的動力，同時給他們帶來樂趣。

也就是說，一方面，追求完美主義的人照鏡子時若看到別人臉上長了痘痘，就會覺得那是影響美觀的，是極

完美主義

在心理學中，完美主義是指一種不斷追求最高要求，追求完美的性格，往往伴隨着自我否定和對他人評價的關注。完美主義有着雙重性格，它既有積極的一面，也有消極的一面。

其不完美的，就算長在不顯眼的位置，他們也非要動手去擠不可。這其中隱含了對自我的否定，對自己的要求過高，彷彿只有細膩光滑的臉龐才是美麗的，一顆小小的痘痘，就讓他們如此不自信，如此糾結和痛苦。

而另一方面，追求完美主義的人也會為了追求完美，選擇合適的方式來解決問題，尋求自我解決目標的動力。比如長痘痘了就會反覆問自己，是不是由於最近睡眠不足，或是吃了太多油炸的東西，甚至是用

了刺激性過強的護膚品，然後再有針對性地進行調節。他們不會因為偶爾長出一兩顆小痘痘而痛苦糾結，更加不會想着把痘痘擠破。不過，按照我個人的生活經驗來看，擁有此觀念的人真是少之又少，如果你們發現身邊的哪個朋友長了痘痘卻不去擠的，那你一定要對他們表示敬意，他們得克服多少心理上的衝動，得有多麼強的自我控制力，得有多麼強的心理素質才能做到啊。

 ## 能自得時還自樂 ⚡

擠痘痘是一項具有成就感的行動，特別是痘痘被擠爆的那一刻，據無數人所說都會覺得很滿足，產生強烈的自我滿足感。同時，痘痘長在那兒，好像我們都有種神聖的使命感，一定要把痘痘清除掉，這是義不容辭的責任。

如果順利把痘痘擠破，這種滿足感就會升級，就像自己成功完成了一個使命一般，而若未成功，或未能一次性根除，多多少少心中會有一些惆悵，像是心願未達成時的那種失落。

為什麼有人
不敢照鏡子？

恐怖片裏經常有鬼怪出現在鏡子中的驚悚片段，其實這折射出了人們內心一種深入骨髓的自卑感，以及對自身命運不可控制的恐懼。但這就是有人不敢照鏡子的原因嗎？

不少人喜歡照鏡子，有人因為愛美，有人因為無聊，還有人覺得自己不夠漂亮，希望改變。你早上照鏡子了嗎？

如果覺得自己醜，不敢照鏡子怎麼辦？

怎麼辦？把鏡子打破吧。無論出於什麼原因要照鏡子，長時間照鏡子都會給人帶來壓力。

有些人患有身體畸形恐懼症，並且大多數都有抑鬱症史。他們強烈認為自己身體的某部分不好看，並誇大這些「缺陷」。但事實上，在別人看來，他們可能沒有什麼地方跟別人不一樣。他們或許會化很濃的妝或穿很多衣服，以掩蓋「缺陷」。同時，他們還會不停照鏡子，以防「缺陷」被人發現。

為研究照鏡子對身體畸形恐懼症患者的影響，精神病學研究人員招募了25名身體畸形恐懼症患者和25名健康人士，讓他們接受測試。結果顯示，即使只照25秒，身體畸形恐懼症患者也會感覺到焦慮，而健康人士不會。但照鏡子超過10分鐘，健康人士也會捱不住，產生焦慮感！

為什麼會受不了？常人照鏡子時會把注意力集中在自己喜歡的身體部位上，而特別焦慮的人或是身體畸形恐懼症患者會把注意力集中在自己不喜歡的部位。但是，如果照鏡子時間太長，健康人士同樣會把關注點轉移到不滿意的部位。所以不敢照鏡子怎麼辦呢？試試把關注點放在自己喜歡的地方。

有調查顯示，英國女性平均每天照鏡子38次，男性18次。女性對自己在鏡子中的形象更挑剔，80%的女性有所不滿。有所不滿卻還要堅持照鏡子的女性是多麼的勇敢，值得我們學習！

想讓自己變得更美、更帥？

如何讓自己更帥、更漂亮？據說一個著名的心理學家跑到某高中，讓全年級最帥最優秀的一個男生天天去追一個特別普通、毫無特色的女孩，同時讓老師也多關注她，抓住一切機會表揚她。於是一年以後，路人女孩變成了容貌端正氣質佳的女神。

這其中也許會有誇張成分，但其實心理學上有過與之類似的著名實驗。1960年，美國心理學家羅森塔爾來到一所小學，聲稱會通過科學測試挑選出「最有發展前途」的學生，他把18位小學生的名單交給校

長和相關教師的時候，對這些學生讚賞有加，最後叮囑老師務必保密，以免影響實驗的正確性。其實羅森塔爾撒了一個「權威性謊言」，因為那些學生根本就是隨機挑選出來的！可是短短半年後，這18名學生成績大幅提升，各方面都有提高。成年後他們全都在各自崗位上取得了非凡的成績。

讚美、信任和期待行為具有一種能量，它能改變人的行為，當一個人獲得另一個人的信任、讚美時，他便感覺獲得了社會支持，從而增強了自我價值，變得自信、自尊，獲得了一種積極向上的動力，並盡力達到對方的期待，以避免對方失望，維持他人對自己支持的連續性。

其實男女都會為悅己者容，所以先讓自己做出一點改變，保持整潔的外貌，剪個合適的髮型，嘗試新款的服裝，然後出去見人，盡情地接受來自他人的讚美和欣賞，你會發現自己越來越漂亮，越來越帥！

期待效應

期待效應，又名羅森塔爾效應（或皮革馬利翁效應），是指人們在被付予更高期望以後，表現會更好的現象。

唱歌走音是種病？

香港某位知名女歌手因為一次演唱中嚴重走音，被網友冠以「鄧走音」的稱號。一提起唱歌走音，你想起了誰？不管是想起自己，還是某位神級走音歌手，我們首先需要肯定的是：唱歌走音不是什麼丟人的事情！

正常的走音

KTV 去多了，你就會知道，一般人唱歌都會走音，完全不走音的才是少數。某一國內頗具專業權威性的歌唱選拔賽，其中有一個環節叫「試聽練耳」，是讓選手在聽完一段歌曲後在無伴奏狀態下哼唱出來。一些唱歌好聽但沒有接受過長期專業聲樂訓練的選手，同樣會在這個環節走音。另外，有的人在唱國歌、生日歌這類熟悉的歌曲時不會走音，但在唱最新的流行歌曲時就找不到音準了，可能只是因為對歌曲的熟悉程度不夠，或是歌曲對於普通人來說太難了。

其實，唱不好主要是音準、節奏的問題。音準很多時候是耳朵的問題，在唱歌的時候，其實耳朵更重要，我們往往在演唱時忽略了用耳。要多聽原唱，認真傾聽自己唱出來的原聲，才可把握音準和情感。

心理因素也會影響歌唱狀態。自卑者拿起話筒時會不知道該如何掌握音準，所以會出現羞澀的哼哼聲，唱出來的音色和他們平時說話的音色沒區別。過份自信者，不認為音準是個多麼重要的東西，他們只在乎音量和響度，只要吼得過癮就行，他們對於音樂的需求其實並不多，簡單上口的口水歌更合他們胃口，與其說對樂音不在意，倒不如說是對樂音不敏感。

所以對於常人來說，不紮實的樂理基礎，對歌曲不熟悉，沒有用耳朵去聆聽聲音，還有心理上過份自卑或自信，是導致唱歌走音的重要因素。

異於常人的走音 ⚡

1. 大腦迴路缺陷

據統計有10%的人先天五音不全。這可能是由大腦迴路缺陷造成的。一種被稱為弓狀束的神經纖維與大腦的知覺和運動區域相連接，如果這一連接受損，就會導致無法準確控制音準。核磁共振成像顯示，發聲不準的人的弓狀束一般體積較小，且纖維含量低。

2. 失歌症

天生分不清音高差異被稱為失歌症，因大腦左半球顳葉前部病變，患

者部分或全部喪失本來具有的認知音符和歌唱演奏、欣賞樂曲等能力。失歌症者在人群中的比例大約是4%。和一般五音不全的人不同，失歌症者最大的問題不在於走音，而在於根本不知道自己走音，他們往往以為自己唱得還不錯。他們聽力正常，發音無異常，言語交流也完全沒有問題，但就是對音樂一竅不通，聽不懂也唱不好。

失歌症者很難察覺相鄰音符的差別，對於聽過上千次的旋律依然感到很陌生，所以他們很難學會唱歌。

為什麼戴着耳機唱歌容易走音？

因為戴着耳機就聽不見自己的聲音，因此經常發生唱出來的聲音不連續的情況，或者重點唱高潮部分，一會兒沒聲一會兒有聲，調子太高太低自己完全沒感覺。

那麼，在心裏唱歌為什麼就不會走音？因為在心裏唱歌根本就不是唱歌。在心裏模仿任何歌星，都只是一種記憶的回放，讓你誤認為是你在唱。

唱歌本來是一件開心的事情，只要身邊的人能忍受，即管放膽走音！

腦海裏一直回放旋律是病嗎？

「你存在我深深的腦海裏，我的夢裏，我的心裏，我的歌聲裏……」感謝曲婉婷的《我的歌聲裏》，把我從不知道什麼時候聽見並在腦海縈繞不去的MKpop給替換掉了。但在腦海中一直迴旋某一歌聲是病嗎？難道是強迫症？

耳蟲現象

放心，這不是病。英國雷丁大學的心理學家畢曼和威廉姆斯研究發現，幾乎所有的人都有過這種一段旋律在腦中不斷重複，怎麼也揮之不去的經歷，這叫耳蟲現象。耳蟲不在耳朵裏，而是一種來源於大腦的神經活動，它會引發「認知搔癢」，讓人忍不住想去搔（回想）它。

心理學家做了一個實驗，他們給測試者演奏了一首熟悉的歌曲，結果發現，測試者大腦聽覺皮層會自動「充填」，即大腦會一直唱歌，甚至在演奏結束很久以後，歌聲還一直在測試者大腦中縈繞。有趣的是，耳蟲之間還存在強勢者，這是一種被稱作「消除旋律」的曲調，一旦在

腦海中出現，便勢不可擋地蓋過其他旋律。耳蟲還可以通過哼唱傳遞給別人。

為什麼會出現耳蟲現象？

1. 非自主記憶提取現象

大部分耳蟲都是由人們接觸到的聲音、想法觸發而來。德國記憶心理學家艾賓浩斯提出了非自主記憶提取現象。在我們的大腦中，信息往往是根據相關性存儲的，我們提取了 A 信息，就會自動觸發與之相關聯的 B 信息。比如工作累了你想玩遊戲，腦海裏就會響起植物大戰殭屍的音樂。

感覺後像

外界刺激停止後，感覺印象仍暫留一段時間的現象，叫作感覺後像。後像有正、負兩類之分。正後像，在性質上和原感覺同一原感覺的性質相同，負後像的性質則和同原感覺的性質相反。

2. 感覺後像

感覺後像亦是出現耳蟲現象的其中一因。感覺後像有正負之分，比如注視電燈一段時間後，關上燈，仍有一種燈在那亮着的感覺，這是正後像。如果目不轉睛地盯着一盞白色的熒光燈，然後把視線轉移向一堵白牆，會感到有一個黑色的燈的形象，這是負後像。

事實上，視覺、聽覺、嗅覺、味覺等各種感覺都會出現感覺後像。各種後像的持續時間與原刺激作用的時間有關。刺激作用的時間越長，產生的後像持續時間就越長，這是因為時間上的累積效應。就算接受長時間感覺刺激後，沒有立刻出現感覺後像，也會在以後的某一刻突然冒出來嚇你一跳。畢竟出來行，遲早要還的。

耳蟲現象有害嗎？

耳蟲現象通常是無害的，只是短暫地出現，並不會給人帶來長時間的折磨。只有少數情況會讓人覺得難受，例如考試需要集中注意力，或者睡覺需要放空思想，這時你越關注耳蟲，它給你帶來的厭煩感就越嚴重。一旦你考試或者睡覺，就條件反射般出現耳蟲，這就是強迫性思維，再進一步就是強迫症了。強迫症裏，一首歌不會只出現一次，不會在第二天完全消失，而會持續地騷擾患者。

另一種情況是幻聽。它和耳蟲的區別在於，幻聽是精神分裂症的一種症狀，幻聽的時候音樂是真的在腦中響起來，而耳蟲現象只是在不斷回想這段音樂，沒有真實地聽到它。

如何擺脫耳蟲現象？

順其自然，就是擺脫耳蟲現象的最好方法。

1. 如果不影響你的注意力，其實也可以放任它不管，一般來說半小時就會消失。這是最好的辦法，因為根據心理學上自我控制的逆效應，越是努力想把某些想法趕出腦袋，往往越是忍不住去想它。

2. 完整地聽一遍這首歌，或者一邊做手上的事，一邊跟着旋律哼唱出來。

3. 想、聽、唱其他的歌。

4. 用其他的方法轉移注意力，如和別人聊天、想一些其他的事情等。

腦殘粉

是怎樣鍊成的？

跟着偶像到處跑，不吃不喝也要購買偶像的產品，不斷地給偶像寫信，送自製的禮物，私人生活中處處可見偶像的痕跡，為了維護偶像不惜與好友絕交，或者與偶像見面會哭暈過去，甚至極個別的可以為偶像自殺。以上符合多項者，有請「腦殘粉」自己對號入座。

光環效應：他是完美的

在現實生活中，我們或多或少都曾有類似的感受，當一個人的某種品質給我們留下了非常好的印象時，他就擁有更多其他優秀品質——往往是他本人所不具備的。而且因為這個亮點，我們容易忽略對方的缺點，更有甚者覺得，對方就是個完美的人。一個典型的現象是，在班裏成績最好的孩子，通常會被選為班長，會被認為德

什麼是腦殘粉？

腦殘粉通常指的是那些對於名人、品牌極度癡迷、瘋狂追求，以至於失去了個人理智的人。他們會對任何不利於其所癡迷事物的言論進行猛烈的攻擊，甚至傷及無辜，通常為貶義。現在網友們也將其視為一種自嘲，表達自己對某事物極端熱愛的程度。

智體群美全面發展，但他未必是個稱職的班長。

這就是光環效應在起作用，名人效應就是一種典型的光環效應。雖然明星經常出現在普通老百姓的視野裏，但我們對他們深入的內在並不熟悉，看到的只是光鮮的表面。光環效應會影響人際知覺，在人際知覺中形成以點概面、以偏概全的主觀印象。這種愛屋及烏的強烈知覺的特點，就像月暈的光環一樣向四周彌漫、擴散。

 ### 證實偏見：只能看見他的好 ⚡

而且，如果你認為一個人完美，就會不由自主地發現他很多優秀的地方，而自動忽視他不那麼厲害或者很弱的地方。他說的話做的事，你永遠會在情感上給予認同和包容，會想方設法尋找支持他言行的論點，而忽視了那些相反的意見。這就是證實偏見（也稱確認偏誤），即人會不由自主地尋找支持自己觀點的證據，而忽視那些對自己或自己觀點不利的證據。

比如在很多人看來，王菲的歌聲能唱出自己心中的愛與恨，所以她是女神。女神是永遠不會錯的，就算冷艷孤傲也美得特立獨行。可是如果拿掉王菲這個名字，思考一下她的感情經歷，也只是眾多都市寂寞男女時常上演的戲碼而已，可能還不如平常人幸福。

 ### 社會身份：偏執的歸屬感 ⚡

當光環效應和證實偏見發生效用時，我們就「淪為」某人某物的腦殘粉了。在這個群體裏，我們會自覺地表現出極大的忠誠，對於支持者，

我們樂於接納，而對於「他者」，當然是帶有排外情緒的，尤其是屬競爭群體陣營的「他者」。

這種歸屬於群體的現象，被心理學家亨利·泰菲爾和約翰·特納稱為「社會身份」。簡單來說就是，在群居社會中，人們本能地會把自己劃分到不同的群體中，群體之間的差異是很小的，沒有意義的，甚至幾乎是人為的，目的是給自己營造一種屬於這個世界的感覺。

從人的認知角度來看，在一個人的成長過程中，會不斷地進行「自我」和「他者」兩個世界的劃分。自我的世界不斷擴大，當一個人將某個東西劃入到「自我」的世界中時，就會產生認同感和保護的欲望。

比如，這是「我家」，這是「我的社區」，這是「我的學校」，這是「我的城市」，這是「我的國家」……然後，你就會不自覺地產生保護欲。因為這是你自我建構的基礎，是「我」成為「我」的條件。因此，在國外別人問你「你是誰？」，你會回答我是香港人，在大學裏與人聊天，你會説我是新界人，港島人。如果別人侮辱你的國家或你的省市，你自然會生氣並反駁，甚至攻擊他人。

這樣來解釋粉絲，就可以明白為什麼粉絲會極力維護美化自己的偶像，因為粉絲是將偶像劃入了「自我」的範圍內。

廣場效應：我們每個人都可能是腦殘粉

還有一種情況下特別容易出現腦殘粉，就是當我們組成一個「群體」去看演唱會或來到綜藝節目現場，我們往往會表現出與日常生活大相逕

庭甚至完全相反的言行，情緒激動，高聲呼喊。這種在群體中才會出現的現象被稱為廣場效應。

這與教育水平和個人素質無關，在群體中的每個人都會比平時表現得更愚昧、焦躁、易怒、道德水平低下。這就是為什麼安徽衛視的某檔綜藝節目裏，韓國男子組合EXO的粉絲和中國明星張翰的粉絲鬧得不可開交的原因。

最後要說的是：一個人喜歡什麼不重要，重要的是他知道自己喜歡的是什麼，而且不被他人所左右。

為什麼很睏了還不想睡覺？

夜色漸漸深了，距離你上一回說晚安已是兩個鐘頭前，你發誓自己說晚安的時候是真心的，可是兩個小時過去了，你還是沒有去睡。周公數次大聲叩門，你的眼皮也睏乏得快要掉下來，可是你寧願盯着屏幕發呆，也遲遲不願入睡，這是什麼緣故呢？

壓力反應：為可能的失敗尋找藉口

人們在面對一些壓力事件時，常常會為自己可能遭遇的失敗尋找合理的藉口，以此來充當不作為的擋箭牌。比如，你去問一個肥仔，為什麼夏天快到了還不趕緊減肥，肥仔多半會說：「我才懶得減，有肉更健康。」

看似簡單的拖延症背後，有着完美的藉口。「懶得減」這句話的潛台詞是：我是因為懶惰才沒有減下來，要是我積極一點，就可以擁有苗條的身材了。

同樣地：

「喂，怎麼還不去睡覺啊？明天不是還有一場重要的面試嗎？」
「哎呀，這遊戲太好玩了，讓我再打會兒。」

這句話其實埋下了一個重要的伏筆：要是我明天的面試表現不好，一定是因為我今天貪玩睡晚了的緣故。

多麼狡猾的人類。相比起「盡力而失敗」，「不努力才失敗」那些理由顯得理直氣壯又不那麼丟臉。此外，因為害怕將要面對的壓力事件，也會希望明天晚一點到來。拖延着不去睡覺，明天似乎就會來得更慢一些。

 ## 反彈效應：一個人的狂歡 ⚡

也許你不是這樣膽怯又脆弱的傢伙，還沒有為一件事拚盡全力就想好了失敗的藉口。也許，恰恰相反，你為一件事耗盡了心力，精神一直處於緊繃的狀態，現在終於取得了不錯的結果，你好歹可以放鬆下來了。

於是，放鬆下來的你對着閃動的屏幕，將滑鼠滑來滑去，從一個無聊的網頁瀏覽到另一個無聊的網頁，明明眼皮打架，就是不想去睡。

反彈效應

反彈效應也叫後抑制反彈效應，這一現象表明了努力壓抑思維的行為，最終會導致思維更強烈地「報復」，產生致命的心理角力。

這種浪費時間的方式讓你感覺很棒，你重新獲得了作為主人的掌控感。甚至，你隱隱地想要報復什麼——沒錯，就是時間曾經施加給你的折磨。這一夜，是你一個人的狂歡。你盡情地揮霍着夜晚，覺得自己是一個富翁。

這其實是一種反彈效應，是過度壓抑之後帶來的結果。一張一弛才是健康之道。否則，你的潛意識就會通過這種極端的方式來提醒你：「你前陣子太緊張了，放鬆一點吧。」

📢 羞愧感作祟：沒有勇氣結束舊的一天 ⚡

浪費時間也並不總是件美妙的事，它的真諦在於，偶爾為之才能帶來快樂。如果你本身就是一個渾渾噩噩的人，那麼我不得不告訴你：快樂在你這裏已經消減了大半，你甚至會感到愧疚。這時，你的超我會發揮作用，它會警示你珍惜光陰。

如果你不能很好地領會超我的指令，那麼你會在浪費了一天的時間之後，利用夜晚來彌補。這當然不是超我的本意，可是自制力太差的你只能用這種拙劣的辦法來填補那個羞愧的黑洞。你遲遲不願睡去，實在是因為你沒有勇氣來結束這充滿罪過的一天，也沒有勇氣來開始新的一天，儘管你也沒做什麼正經事。

我是天生購物狂？

為什麼我的薪水總是月月清？明明我已經
長期糧尾，為什麼我還是會不斷消費？
今天，讓我們共同探討一個沉重的主題：
我們是怎麼不知不覺地把錢花出去的？

用延遲滿足的方法停止消費

我們花錢，最主要的目的就是滿足個人需
要，渴了餓了累了冷了，我們都可以通過買
東西來解決。當然，具體是買個麵包還是吃
頓大餐，是買瓶水還是買高檔咖啡，每個人
在不同的情境中會有不同選擇。這部分支出
什麼時候怎麼花，每個人心裏都有數，一般
不會出現莫名其妙地花了很多錢的情況。

但是也有例外，你啃燒餅的時候看見人家在

延遲滿足

延遲滿足是指選擇忍耐，克制
自己的欲望，放棄眼前的誘
惑，就可以追求更大的目標，
獲得更高的享受。

吃火鍋，你穿着大賣場買回來的大棉襖時看見人家穿皮草，這種奢侈的選擇會成為你的負擔。如何避免奢侈的選擇呢？要學會自我控制，怎麼控制呢？這就要靠延遲滿足的方法。大餐，我可以下個星期再吃；買衣服，明年有更新款的。我現在就踏踏實實，努力學習，勤奮工作，總有一天我也能開着寶馬摟着女友吃着火鍋唱着歌。

但是有人說了，我自制力夠強，也沉着冷靜，也延遲滿足，但還是禁不住商家給我下的圈套，這是怎麼回事？

什麼是心理賬戶？

我們每個人的心裏都有個小賬本，這裏面進進出出的每一分錢都會和我們的心理感受直接關連。

今天我計劃去看電影，電影票要 80 元，結果買票掏錢包的時候，我發現我遺失了 80 元，我還會去看電影嗎？如果是買完電影票，但是發現自己把電影票弄丟了，還會去看電影嗎？兩種情況下，失去的都是價值 80 元的東西，但是第一種情況下人們依然會去看電影，而第二種情況下就很少有人再買票去看電影了，這是因為我們把這 80 元儲在不同的心理賬戶中。

你的心理賬戶裏記着怎樣一筆賬？

買彩票中獎的人為什麼很快就把這筆錢花光了？因為這筆錢在他們心裏屬於意外之財，不在預期範圍之內，根本就沒有儲在自己的心理賬戶裏，花起錢來感受就不一樣。

消費者在決策時根據不同的決策任務形成相應的心理賬戶。由於心理賬戶的存在，個體往往會違背一些簡單的經濟運算法則，衝動之下做出許多非理性的消費行為。當我想要去買朱古力的時候，我就在我的心理賬戶中建立了一個買零食的分賬戶，然後劃一些錢進去。在我心裏，這部分錢就是該花的，要是掌握不好，多分了一些錢過去，買完了朱古力還有結餘，這個時候我不但不覺得我花錢了，反而覺得剩下那些錢不花掉也不舒服。

商家是很會利用心理學的，他們會借用各種各樣的藉口幫你建立花錢的賬戶。比如淘寶的「雙十一」大優惠，我可能並沒有什麼需要買的東西，光棍節也和我沒甚關係，但是商家說了，這一天你就該買東西，不買你就虧了。好，我要買東西，就要先建一個消費的賬戶，裏面的錢不花完我就停不下來。更直接的例子是，把錢存在支付寶裏面肯定比存到銀行裏花得快：一方面使用起來更快捷，另一方面也是因為，在我們的心理賬戶中支付寶裏的錢本來就是用來花的，所以花起來也不會心疼。

我們買東西的時候，心裏想的不是我需要什麼，而是我的心理感受，比如「不買就虧了」「反正已經花了這麼多錢了」「以後肯定會更貴的」「遲早會有用的，還是先買了吧」，這時要先冷靜下來，想一想，我是不是又要買很多用不上的東西了？

學會理性、冷靜地分析，瘋狂購物的情況就有望解決，也不用一直做月光族了。

為什麼選擇越多越痛苦？

「今天中午去哪兒吃？」

「你決定吧，我都可以。」

「附近這麼多餐廳，就沒有你想吃的？」

「就是太多了，才不知道去哪家吃好。」

這樣的對話想來大家都不陌生吧，有的人甚至每天都活在選擇困難症中。為什麼越多選擇，我們反而越難抉擇？

我們曾一度呼喚自主的選擇權，甚至用叛逆來宣告決心，但當選擇足夠多甚至超出預期時，我們所獲得的卻不是自由，而是困惑和束縛。這是為什麼呢？

對於「選錯了」的恐懼

美國一家大型基金公司曾就員工退休工資的投資做過一項調查，調查

的結果是：介紹的基金總數每增加10個，參與的人數便會下降2％。假如，提供5種可選基金，參與的人數是100，當提供50種可選基金時，參與的人數就只剩下了90個。

為什麼？當我們面對50種可選基金時，總想選到最好的，害怕作出錯誤的選擇，那麼下決定本身就會變得越加困難。當斷不斷，反受其亂，選擇越多，反而越受折磨。

1. 機會成本作崇

即使經過幾晚的不眠和掙扎，最終作出了決定，現實中，「如果當初我選擇什麼，那就好了」這樣的抱怨，你聽得還少嗎？這便是機會成本在作祟。

在選擇面前為了得到某種東西，我們要放棄不被選擇的那些東西。當我們面臨多項選擇時，每個選項總有吸引我們的價值所在，選項越多，轉化的機會成本越大，也越容易讓我們懷疑和後悔作出的選擇，即使我們所做的選擇是英明的、正確的。

> **機會成本**
>
> 機會成本（Opportunity Cost），是指決策過程中面臨多項選擇，當中被放棄而價值最高的選擇，又稱為「替代性成本」（alternative cost）。

2. 期望落差

曾在一幅漫畫中見到「如果你想要某個東西好點，就讓它回到以前差的時候吧」，深以為然。我們對某件東西價值的確定來源於同其他東西的對比，我們的選擇越多，對比的選項越多，期望得到的也就越趨於

完美。而事實上，有得必有失，沒有哪件東西能完美地符合我們的期望。期望的落空，也讓我們增加了對選擇的困惑，由選擇帶來的滿意感也有所降低。

3. 自我歸因

我們難免會有選錯的時候，當選項很少甚至只有一個時，我們更容易把原因歸結到環境、機遇等外部不可控的因素上，那麼「我」就沒有過錯了，而當我們面對充足的選項時，如果選錯，我們只能把原因歸結到自我身上。因此選項越多，更容易造成自我歸責，從而對選擇不滿。

歸因理論

歸因理論（Attribution theory）是社會心理學的理論之一，是指觀察者從他人的行為推論出行為原因、因果關係，根據有關信息、因果關係對行為原因進行推測和判斷的過程。

如何避免在選擇中糾結？

我們要對可能存在更好選擇的假設有一個正確的認識，這是錯的。我們總是會幻想選擇背後代表着兩條不同方向的道路，在自己選擇的道路上總是會彷彿充滿荊棘和坎坷，而在自己未曾踏足的那條路上，總是會幻想明媚的陽光和柔和的風景。請永遠記住，任何一條路上都會遇到風雨，也會遇到陽光，試着去改變你的關注點吧。

我們要作的是一個適合的選擇，而不是完美的選擇。完美主義總是容易看到選擇背後的漏洞，而正是這些漏洞的存在，讓選擇變得不再那麼讓人滿意。請記緊，完美並不存在，利弊總是相依相存，試着去欣

賞自己的選擇，你選擇的便是最適合你的。

要認識到選擇是一個動態的變化過程。也許在你作出選擇的那一剎那，兩個原本對等的選項就變得不對等了，這個尤其在投資方面比較常見，要說不後悔那是不可能，容忍自己的後悔，同樣認識到這種變化的無常和不規則。錯並不在你，木已成舟，不如期待下一個拐點。

為什麼期望越大，失望越大？

期望固然是一種注目與肯定，但很多時候，期望越大，反而越易釀造失望。一貫優秀的選手在關鍵時刻突然失準，令大眾瞠目結舌；熟讀鄺俊宇的幻想女孩在現實愛情中屢屢碰壁；發誓要奪得第一的上進學生在一次又一次的考試中見證了自己的「二奶命」，即使只是毫釐之差⋯⋯

這是老天開的一個玩笑嗎？為何命運總是如此弄人？期望越大，失望就越大，這是宿命嗎？

身負「重」望造成失望

在量子世界裏，若觀測一粒子，就需要一光子，但光子會擾動該粒子，所以不存在客觀的觀察。在意識世界裏也是如此。你的目光便是一粒石子，一旦投入湖中，水面必泛漣漪，即使非常微小。

這就是觀察者效應，被觀察的事物會因為觀察行為而受到一定程度或者很大程度的影響。而在壓力情境下，這種影響常常是負面的。

觀察者效應

觀察者效應指出由於觀察者預期某種結果，於是無意識地以某種形式操縱了過程，或得到錯誤的解釋結果以達至他們希望得到的結論。簡單來說，就是身為觀察者的我們無法不影響我們所觀察的事物。

相關研究證實了這一點，在完成挑戰性任務時，一群支持觀眾的在場可能會引發個體做出比平常更差的表現。劉翔退賽、余華醞釀 7 年的新書慘遭罵聲一片……如上種種無不是背負「重」望之後的消極產物，是觀察者的目光影響了他們的真實水平──壓力帶來了失望。

太計較反而得不到

心理學家耶基斯和多德森曾對動機強度與工作效率之間的關係進行過研究，並提出了著名的耶基斯──多德森定律。

耶基斯和多德森指出：

1. 各種活動都存在一個最佳的動機水平。動機不足或過份強烈，都會使工作效率下降。

2. 在比較容易的任務中，工作效率隨動機程度的提高而上升；隨着任務難度的增加，動機最佳水平有逐漸下降的趨勢，較低的動機水平反而有利於任務的完成。

3. 動機強度與工作效率之間呈倒 U 形曲線的關係。中等強度的動機更有利於任務的完成。

一旦動機強度超過了這個水平，對行為反而會產生一定的阻礙作用。

可以看出，動機並不是越強越好。期望太高，得失心太重，反而會遭遇巨大的失望。

那麼，該如何減少失望呢？

不斷調整期望

人類有一套高級的意識系統，通過評估現實處境，對期望或目標進行不斷地調整來認識自我、認識世界，其基本過程如下：

這是一個永無止境的循環過程。

當一些頑固分子違背了這樣的過程來行事時，現實與不合理期望之間的遙遙距離會讓他們產生強烈的情感衝擊，失望僅是其中的一種表現而已。

所以，不必苛求自己，也不必逼迫他人，順時而動吧。

「Give ourselves the permission to be human.」

（允許自己是個普通人。）

參考資料：

1.《社會心理學》，戴維‧邁爾斯著，人民郵電出版社，2006 年 1 月。

我 們

是

「烏 合 之 眾」

為什麼喜歡給別人貼標籤?

我們常常通過貼標籤的方式來大致判斷一個人:這個人是「情歌王子」,那個人是「夜店女王」,知識豐富的人叫「百科全書」,長得好看的叫「男神」,美女都是「宅男殺手」,大叔都是「中老年婦女的偶像」。

為什麼我們喜歡給別人貼標籤?

為什麼會貼標籤?

這是一個憂傷的故事,得從心理學界的神獸説起。首先,是巴普洛夫先生搖鈴,然後給小狗食物,狗得到食物會分泌唾液,經過30次重複後,單獨搖鈴的聲音刺激就可以使小狗流口水。

其次,是斯金納先生把鴿子放進一個裝有按鈕的盒子裏,鴿子只要按中其中一個按鈕,

模式識別

模式識別,是指對表徵事物或現象的各種形式的信息進行處理和分析,以對事物或現象進行描述、辨認、分類和解釋的過程。

就給牠一點食物獎勵。無論鴿子在拿到獎賞前做了什麼動作，牠們總會找一種模式，有時是逆時針360度跳兩圈啄按鈕，有時候是順時針跳一圈啄按鈕，牠們會不停地重複那個動作。因為牠們相信就是這一系列動作才讓牠有東西吃。上述實施中的狗、鴿子和托爾曼的老鼠、桑代克的貓、科勒的猩猩等一起並稱為心理學界的神獸。

連神獸都會通過某種模式來認識世界，何況是給牠們貼上標籤的人類？「模式識別」是人類的一項基本智能，我們找到模式，找尋事物的關聯性，並賦予其意義。而貼標籤，用最快的速度將人和事歸類，就是人類運用模式識別認識世界、進行社會交往最便捷的手段之一。

 ## 標籤的作用 ⚡

在感情裏接二連三受傷的女人，可能會偏激地認為男人沒一個好東西；有些人只要看到某人在網上說政府好話，就會認為他是五毛……雖然這些標籤很有可能是消極的刻板印象，但我們冒着這麼大的風險，把身邊的人貼上一個個的標籤，帶給我們的好處無疑是巨大的。

我們每天要處理各種複雜的人際關係，即使擁有生物界最強悍的大腦，也會不堪重負，而貼上一個標籤，就相當於我們把握了一個人最核心的特質，這個特質有可能是一個人的特長，也有可能是他的不足，或者和他本人的興趣愛好相貌閱歷等相關，可以說對於我們人生劇本中大多數群眾演員來講，我們對他們的了解至此就足夠了。

但是總有一些需要深交的人，一開始我們也許會根據自己的印象給他們貼上一個或幾個標籤，隨着交往的不斷加深，標籤也會逐漸增多，

漸漸地，我們發現，僅僅通過標籤已經很難對他有更深一步的了解，這個時候我們可能會捨棄已經形成的標籤，全面地去了解，用心去感受對方。

舉個例子，剛上大學的時候，宿舍裏那個戴着眼鏡、其貌不揚、沉默寡言的室友，你可能認為他是一個很文靜的孩子。可是隨着相處日深，漸漸地，一股不可阻擋的「屈機」氣息就從他身上散發出來了。當你們一起曠課去網吧的時候，你赫然發現他竟然是你們當中打機最厲害的那個，你對他便多了幾分崇敬。到了考試週，你發現他平常雖然經常曠課，但是功課絲毫沒有落下，簡直就是「學霸之王」。此時，你會感覺到，隨着了解的深入，用標籤來描述一個人變得越來越困難了，因此你也不得不重新開始全面打量眼前的這位室友。

📢 標籤可靠嗎？⚡

我們形成的標籤固然便捷，但也會使我們的認識過於片面，往往仰賴於表象，缺乏深刻的了解。心理學家研究發現，我們給人貼的標籤具有一定的可信度，一般來講，不同人對於同一個人所形成的印象是趨於一致的，但是這種準確性也僅僅是高於隨機水平。如果是與我們朝夕相處的人，我們自然不會輕易用標籤來進行判斷。

安德烈·欽皮安等人在 2010 年進行了實驗研究，揭示了關於標籤形成的真相。參與者被隨機分到「接受標籤組」和「標籤推廣組」。

比如，在「接受標籤組」裏，參與者先被告知「70% 的夜店妹都是濃妝艷抹的性感女郎」，然後問是否同意「夜店妹都是濃妝艷抹的性感女

郎」？大部分參與者都表示同意。而在「標籤推廣組」，實驗者會先告訴參與者「夜店妹都是濃妝艷抹的性感女郎」，接着讓你推測「大概有多少夜店妹是濃妝艷抹的性感女郎？」參與者平均估計90％的夜店妹都是性感女郎。

這就表明，只要70％的事物具有××屬性，人們便認同「某種事物都是××的」，而如果人們被告知「某種事物都是××的」，人們會認為90％的事物都具有這種屬性！

當判斷對象更特殊或者更危險時，安德烈等人發現，人們認同標籤屬性的比例從70％降到了50％。比如，當實驗者說「有50％的監犯是會再犯案的」（危險屬性）或者「50％的法國香水都是很濃味的」（獨特屬性）時，參與者便會作出「監犯都會再犯案」以及「法國香水都很濃味」的判斷。

類比現實生活中的情況就是，若某女生交往過的兩個男生中，有一個是人渣（危險屬性），她就很容易得出男人都是人渣的判斷。所以，儘管有些標籤在歸類時證據並不充足，可一旦標籤被默認，標籤的屬性就極易被推廣到標籤下的所有個體。

 有效地利用標籤

幸好，人們這樣的偏激在一定程度上是因為研究者使用了絕對化的語言。當研究者不用「都是」而用「大多數」時，上面的標籤歸類結果就不適用了。

為何會這樣？因為大腦愛偷懶啊，它總在尋找捷徑去認知世界，而貼標籤可以簡單快速地把抽象概念與具體行為聯繫起來，結果便催化了我們的種種以偏概全。

雖然標籤會使我們對人的認識太過粗糙，但這也是確實存在、不可避免的。隨着網絡的發展，人際關係越發複雜，我們不可能對每個人的認識都面面俱到。既然別人對我們的認識有可能只停留在標籤上，那為什麼不主動給人留下一個好印象呢？以一個友善守信的態度來面對別人，給自己建立一個好的標籤，這樣在人際交往中才能無往而不利。

如何更有效請求別人幫忙？

旅行者騎駱駝旅行，夜幕降臨時，支起了帳篷睡覺。晚上，外面起了風沙，駱駝把頭伸進來。旅行者是個善良的人，覺得駱駝只是把頭伸進來了，無所謂，就沒有在意。過了一會兒，駱駝把脖子和前蹄伸了進來，旅行者還是沒有在意。最後，駱駝把整個身子都擠進了帳篷，可憐的旅行者卻被駱駝擠了出去。

假如一開始駱駝就把整個身子都擠進帳篷，我想旅行者大概不會願意吧！那麼在這裏，聰明的駱駝運用了什麼戰術呢？

📢 一個經典的實驗 ⚡

社會心理學家弗里德曼在20世紀60年代做了一個非常經典的實驗。他是先到各家各戶向家庭主婦們提出一個小的要求，請她們支持安全委員會的工作，在一份呼籲安全駕駛的請願書上簽名。兩週以後，由原來負責實驗的兩個大學生實驗者重新找到這些主婦，問能否在她們的前院立一塊不太美觀的大告示牌，上面寫上「謹慎駕駛」四個字。實驗

結果表明，先前在請願書上簽過名的大部分人（55%以上）都同意立告示牌，而沒有簽過名的主婦，只有不足17%的人接受了這一要求。

這個實驗驗證了社會心理學「登門檻效應」的存在。

登門檻效應及原理

人們拒絕難以做到的或違反意願的請求是很自然的，但是一旦對某種小請求找不到拒絕的理由，就會傾向於同意這種要求。而當他捲入了這項活動的一小部分以後，便會產生自己是關心求助者的知覺、自我概念或態度。這時如果他拒絕後來的更大要求，就會出現認知上的不協調，於是恢復協調的內部壓力會支使他繼續下去，或給予更多的、持久的幫助。

登門檻效應

登門檻效應（又名「得寸進尺效應」）是指一旦接受了他人的一個微不足道的要求，為了避免認知上的不協調或想給他人留下前後一致的印象，就有可能接受更大的要求。這種現象，猶如登門檻時要一級台階、一級台階地登，這樣能更容易、更順利地登上高處。

所以要請別人幫忙的時候，先預估一下這個請求別人能否做到，或者是否違背其意願，如果你覺得這個請求有難度的話，那麼不妨利用一下登門檻效應吧，讓對方一步一步掉入你的「陷阱」。

還可以用什麼方法呢？

心理學上還有一種效應叫「門面效應」。門面效應與登門檻效應是心理學上相對應的兩種現象。兩者同出一源，表現相異。

所謂門面效應，是另外一種說服別人接受自己要求的方法。門面效應利用的就是人們的補償心理，正如登門檻效應那樣，人們往往都希望扮演慷慨大方的角色，所以拒絕別人也是一件難事。拒絕，一般會讓人們無法扮演慷慨大方的角色，也會讓人們產生負疚心理，人們

門面效應

門面效應是指，當你想讓對方接受一個小的、但對方一般不會答應的條件時，不妨先向他提出一個大大的要求。對方拒絕你大大的、更高的要求後，一般會接受你再次提出的之前那個小要求。

會希望再做一件小的、容易的事來平衡心裏的內疚感，使其能夠繼續扮演慷慨大方的角色。女人的同情心強，容易產生負疚心理，門面效應對女士更有效。

如果各位男生想要追到心儀的女生，不妨可以試試這個技術。

「能和你一起去旅遊嗎？」
「不行啊。」
「好可惜，那可以請你看場電影嗎？」
「嗯，好吧。」

為什麼聽不進別人的建議？

你是否遇到過「我都說了多少遍了，對方還是聽不進去」又或者「我知道他們說的都是對的，可我就是聽不進去」的情況？讓我們來了解一下心理學對此的解釋。

📢 證實性偏見在作祟！ ⚡

彼得‧卡思卡特‧華生利用華生選擇任務的實驗驗證了證實性偏見。在實驗中，向被試者展示四張卡片，這四張卡片雙面都有內容，一面寫的是數字（奇數或偶數），另一面寫的是顏色（紅或黑），然後問被試者，到底要翻哪兩張卡片才能知道「偶數卡片的另一面是紅色」呢？

證實性偏見

證實性偏見指的是當我們在主觀上支持某種觀點的時候，我們往往會傾向於尋找那些能夠支持我們原來觀點的信息，而忽視掉那些可能推翻我們原來觀點的信息。

只要看看「8」這個偶數的另一面是不是「紅」，再看看「紅」的另一面是不是「偶數」就能知道答案了吧？所以翻轉的是寫有「紅」和「8」這兩個字的圖片？

錯！真正的答案是「8」和「黑」，因為無論「紅色」的背面是奇數還是偶數，都和「偶數卡片的另一面是紅色」這句話無關，而如果「8」的背面不是紅色，又或者「黑」的背面居然是偶數，那麼就可以知道「偶數卡片的另一面是紅色」這句話是錯的。

在這個實驗當中，絕大多數的人都選擇了錯誤的答案「8」和「紅」，因為人們有一種慣性思維，就是去收集那些有利於證明自己是正確的證據，忽視那些證明自己是錯誤的證據，也就是證實性偏見，一句話概括就是人們只相信自己願意相信的。因此如果你的立場和對方完全相反，並且想試圖去說服對方，對方是聽不進去的，因為他總沉浸在能支持自己觀點的材料中，對別人的觀點不屑一顧。

解決技巧：

不要從對立的角度進行說教，最好讓大家先嘗試放棄彼此堅持的觀點，站在局外，從局外客觀地分析彼此觀點。

逆反心理 ⚡

或許並不是聽不進去，而是故意要對着幹！逆反心理常常出現在小孩、青少年，還有自尊心特別強的人群當中，又或者在不同情況下，不同的人都可能會出現逆反心理。這就導致你越是説，他就越聽不進去。

解決技巧：

此類人吃軟不吃硬，最好以鼓勵為主，而不是説教，當然也可嘗試用激將法去解決。

表達情感 ⚡

無論是説話者的話語，還是聽者聽不進去的行為，可能都會包含很多不同的情緒，而不僅僅是字面上的內容。

「我好餓，早上沒吃早餐」「我都説了多少遍了，叫你早上要吃早餐」，在這樣的對話中，前者可能想要表達的是自己需要關心、愛護，而並不需要解決問題的答案，但後者並沒有發現話語中的情感信息，導致溝通上出現了問題。

又如「我知道他們説的都是對的，可我就是聽不進去」這種情況，或許你需要的並不是別人的建議，你僅僅想得到別人的關注。

再對於那些「你要×××，我都説了多少遍了，你還是聽不進去！」這類話語，可能説話者本身就充滿着強烈的控制欲望或者不滿情緒等，對待這樣的話語，誰會聽得進去呢？

解決技巧：

説話的時候想清楚，別人需要的是你的指導建議，還是需要你情感上的陪伴。

 ## 缺乏溝通技巧

對於「我都説了多少遍了，對方還是聽不進去」這個問題，可能最大的原因就是「你都説了這麽多遍了，明明不管用，怎麽還在説同樣的話？」此種情況最明顯的原因就是你説話缺乏溝通技巧，不懂得改變談話策略，談話的藝術可是一門高深的學問，就不在這裏一一介紹了。

為什麼有時更願意向陌生人傾訴心事？

當生活中的朋友日漸變得話語寂寥，我們也越加習慣把心事說給陌生人聽。或許你會把自己想說的話寫進漂流瓶，等待有緣人拾起；或許你會在論壇上發個貼文，看看會有哪些回覆。如今，網絡上認識陌生人的方式日趨多樣，網絡兩端，兩個素未謀面的人敞開心扉，互訴心事，這樣的方式給我們以安慰。但你是否想過，為什麼更願意向陌生人傾訴呢？

一千個人一千個哈姆雷特

人的基本屬性是社會性，在社會生活中，我們需要扮演不同的角色，戴上不同的面具。西方心理學家榮格稱之為「人格面具」，這副面具是人經過對自我人格的偽裝向社會展示出來的，是被社會所認可的。每個人眼裏的你是不一樣的，同樣你也希望在每個人眼裏自己也有不一樣的呈現。例如，你希望在父母眼裏，自己是個優秀的人；你希望在

愛人眼裏，是個溫柔的人；你希望在上司眼裏，你是個敬業的人……
這都是「面具」。

為了維持在特定的人心目中的形象，我們會有一個自我判定，在這個
人面前，哪些話能説，哪些話不適合説。而往往，或多或少總會有一
些話是不能對任何人説起的，這就是先期自我樹立的形象反過來對自
身的制約。秘密在心裏發酵，慢慢壓得自己喘不過氣來，我們需要一
個宣洩口，而那個出口最好的選擇就是那些跟我們毫無關聯的陌生人。

現實中可靠的「肩膀」太少，
網絡中隨處的「垃圾桶」不缺

當你把開心的心情分享給他人時，你的開心會加倍；當你向他人傾訴
悲傷的情緒時，你的悲傷會減半。傾訴在生活中扮演着極其重要的角
色，尤其是負面情緒的疏導，特別是對女性而言。因為在我們的認知
中，女性情感細膩，觀察細緻，言語表達能力強，總會有説不完的
話，即使是在這個女漢子層出不窮的年代。因此，網絡上總是不乏尋
求傾訴對象的女性，畢竟現實中或許沒有一個可靠的肩膀，但是網絡
中，一個可供你傾訴的情感垃圾桶還是會有的。

網絡的發展並不是簡單地滋生出一個交流的媒介，還有網絡現實端的
差異性人格。我們不難發現，同一個人在現實中跟在網絡中是完全不
一樣的，這就是網絡虛擬性所賦予的特殊環境。我們越來越習慣在網
絡上尋求陌生人的傾訴，或許這也有網絡虛擬共通性人格形成的一部
分原因，因為不管是傾訴者還是傾聽者，願意扮演這些角色的人，心
理性別往往更多地偏女性化。一方溫柔包容，善解人意，洗耳恭聽；

另一方帶着強烈的情感訴求，張口便是各種人生故事，將百般滋味一一道來。如此搭配，豈非絕妙？

科技的發展讓人與人之間的交流變得越來越便捷，也讓溝通變得越來越膚淺。顯然，網絡的交往模式只是淺交，因此就很容易產生「相識滿天下，知己無一人」的情況。網絡的普及更讓我們無暇思索問題的所在，一時的寂寥襲來，先找個陌生人打發，下次就再換一個人，飲鴆止渴似的方式只會把自己放逐，打發的是時間，心靈卻沒有得到慰藉。

📢 警惕情感共同反芻 ⚡

如果你有玩漂流瓶的經歷，抑或曾經找尋陌生人聊天，不妨試着回憶一下，那時的你也許情感受挫，也許工作不如意，當你碰到跟你有一樣問題的人時，是否特別有共鳴？你們有說不完的話，往往是彼此對戀人或者社會的抱怨。而這時，彼此分享負面情緒，又同時被對方的負面情緒影響，這無疑會加深並強化原本存在的焦慮或者抑鬱情緒，在有些極端的情況下，甚至會一氣之下做出某些不理智的舉動。這就是所謂的「情感共同反芻」，看似聊得很投機，但是交換的都是彼此不愉快的情緒。

而原本這些時間，你可以做些什麼呢？如果你給戀人掛個電話，或許你們之間的關係就會趨於緩和；如果你為工作多作些準備，或許上司會對你刮目相看。如果能夠好好利用這些時間，你原本可以用行動來做實際的改善，但是因為情感共同反芻，你的負面情緒反而越發強烈，又進一步增強了你傾訴的欲望，步入惡性循環，這是最最需要警惕的現象。

當然，情感共同反芻的現象在現實朋友的傾訴中也經常出現，這無疑會加固彼此之間的友誼，視對方為莫逆之交，閨密應該就是這麼鍊成的。伴隨而來的危害已在上面做了陳述，相差無幾，只要不落入這個循環便無大礙。

每個人總有一些秘密是只屬自己的，我們時刻提醒着自己要保護這個秘密，那份壓力漸進式遞增，總有那麼一天會接近我們能夠承受的底線。而在這時，每個人選擇面對這份壓力的方式是不同的，傾訴是很多人願意選擇的方式，對陌生人傾訴是現今人際關係不斷淡薄之下無奈的選擇。通過向陌生人傾訴，壓力得以緩解，這無可厚非，重要的是傾訴過後你的行為和你的選擇。我期望看到傾訴過後的重新起程，而不是陷入情感共同反芻的惡性循環之中。

虛擬的世界中，能夠得到的慰藉終究是暫時的，或許你會因此收穫一個知心的朋友，那是值得欣慰的。茫茫網海，能夠碰到亦是一種緣分，或許你會被一個人渣騙到，在還未認識到現實的殘酷之前已被現實傷得體無完膚，這也是一種無奈的成長。我並不否認，向陌生人傾訴是有一定效用的，但並不鼓勵。有句俗語説得好「遠親不如近鄰，救火豈待雨水」，更何況在摸不着邊的網絡世界中呢？

不會撒嬌的人該怎樣撒嬌？

「撒嬌」在心理學上可被詮釋為「退行」（regression），這是一種類似孩童的表現方式。只要使用得當，會格外討人歡喜。

許多人給「撒嬌」一詞貼上標籤，但其實這並非女生的專利，剛強的男性偶爾換種柔軟的口吻，也會讓人感到真實可親。柔能克剛，撒嬌亦如是。

人人都會撒嬌

無論男女老少，潛意識裏皆會撒嬌：小朋友的撒嬌自然是信手拈來，看上喜歡的玩具賴着不走，搖晃父母的手臂，説上數不盡的好話，非要把玩具搞到手不可；男女戀愛到深處，像被施了魔咒一般，通通退化為小孩，向彼此討要關注與愛，撒嬌賣萌、耍潑搞怪樣樣來；年邁的父母在歲月面前也會收斂起脾氣，偶爾做幾回老頑

退行

退行作為心理防禦機制的一種，是指個體在遇到挫折或面臨焦慮、應激狀態時，心理活動退回到較早年齡階段的水平，以原始、幼稚的方法應付當前情景，是一種反成熟的倒退現象。

童，今日扁嘴想吃烤鴨，明日叨念要穿紅裙，過馬路時任子女挽起手臂，臉上露出調皮又舒暢的笑容。

雖形式有異，但以上種種皆為撒嬌。這實在是一種不學而會的「本能」，人人都會撒嬌，只是因處境不同，性格迥異，才會呈現出千姿百態。

 ## 為什麼我無法撒嬌？

即使是這樣，許多人還是覺得撒嬌好難。他們一本正經，滿面肅容，說話反覆斟酌，即使在親近的人面前，也始終無法放開自己。

他們為何如此無趣又如此緊張？

原因或許有很多，但最根本的一點是——他們不曾置身於安全型的依戀關係之中。

孩童時代，我們通常與母親的關係更親近，母親是我們的主要撫養者，為我們提供食物、溫暖、關注與愛，這樣的情感連結便構成了一種依戀關係。在安全型的依戀關係中，只要母親在場，我們就會感到安全。

然而，並非每一個母親都會及時地感知到幼兒的情緒，並恰當地滿足他們的需要。那些反覆哭鬧、餓壞了肚子，甚至憋出一屁股尿，也未能引起母親注意的孩子，會逐漸陷入一種不安全型的依戀關係之中。他們或表現出反抗，或表現出迴避。總之，即使母親在場，他們也無法感受到安全，他們無法自如地去做自己，他們的感受總是被無情地

忽略了。

這部分孩子長大後，母親與他們的相處模式會影響到他們的社交。他們會小心克制自己，反覆思量自己的表現，看上去像一根隨時繃緊斷掉的琴弦般無趣。

那麼該如何做呢？如何讓他們放下全副武裝，變得輕鬆一點？

 如何撒嬌？成為自己的心靈夥伴

說到底，撒嬌的最高境界其實不是施於外，而是施於內。孟子早已說過，「行有不得，反求諸己」。若外物有所不得，不如向內尋求自我認同與滿足。要做到這點，需要提升情商指數，自我撒嬌便是其中一步。

每天向自己撒個嬌，像哄小孩一樣逗自己開心，對着鏡子扮鬼臉，細數自己的優點，討好自己，關愛自己。總而言之，你需要成為自己的心靈夥伴。

每個人都需要和自己建立親密關係，加強自愛的原動力。說教、命令的方式都太過生硬，而柔性的撒嬌是正面的角色扮演方法，可以減輕壓力、慰藉自我，同時滿足內在小孩被寵的欲望。

懂得自愛，才能真正地去接受愛，才能活得自在從容。放鬆一點，對自己撒個嬌，說點甜言蜜語吧！

比如：

「喵，我好喜歡你啊。」
「喵，你是個善良的好女生。」
「喵，你笑起來真好看。」

這樣的方式，簡單又有趣。當你對此已經熟稔如故，你必定可以接納他人，放下防備，對他們撒個嬌，從而建立一段屬自己的安全型依戀關係。

為什麼我會變成一個濫好人？

長長的街道上，走過一個拄杖的男人。他的肩上背着數十個四四方方的包袱，頭埋得很低，那些包袱幾乎壓沒了他的臉。一塊名牌亮閃閃地在他的腦勺前搖晃，湊近一瞧，原來是一張「好人卡」。

「嗨，好人先生！你這是要到哪裏去啊？這些行李都是你的嗎？看上去好多啊。」

「啊，這些都是別人的。」好人的腳步停了一下。

「那你的行李呢？」

「我的行李？」好人的目光有些遲疑。突然，他咧開了嘴角，眼睛亮閃閃的，他的目光移向那塊「好人卡」：「這就是我的行李。」

📢 好人卡有毒，慎領！ ⚡

你是這個好人先生嗎？在長長的生命旅途中，你不知自己的意義何在，唯有一張好人卡識別了你的存在。換句話說，你只有在別人的目光中才能確立自己的存在。那些包袱都不是你的生命初衷，你的自我

早已流失。你不知自己是誰，不知自己將去往何處。取悅別人使你上癮，你盼望每一個人都喜歡你。

如果說，你行事的初衷是善良好意，那麼在不知不覺的過程中，你已經越發適應去扮演一個好人的角色。

濫好人是怎樣鍊成的？

濫好人不是一朝一夕鍊成的，形成的原因可能有以下幾點：

1. 同理心過於發達

同理心就是一種換位思考、感知他人內心世界的能力。若是過於發達，就會因為感同身受，使他人的哀求聲就好似砸在自己的心上。

2. 將嬰兒期的自戀帶到了成人後的生活中

你以為一切都與自己有關，一切都由自己負責。大包大攬、來者不拒式的好人行為背後，其實隱藏着一定程度的自我中心。

3. 自我界限不清晰

自我概念無限度地擴張，將太多的他人納入到了自我概念的範疇之中。所以跟濫好人一起生活會很累，因為他們的連帶關係太多，一個人的背後往往立着一籮筐的社群關係。連表叔的外甥的兒子的鄰居，都是他們自我意識裏有義務去幫的「自己人」。

4. 自卑

認為別人讓自己幫忙是「看得起自己」，害怕一旦拒絕就會顯示自己能力不足，或者被群體所拋棄。濫好人在潛意識裏是自卑的，他們欠缺活力，一直在壓抑真實的自我。別人的求助在某種意義上，其實是他們治療自我無價值感的藥方。這與第二點並不矛盾，因為自卑一向伴隨着自大而來。

 怎樣避免濫好人的角色？

心理學家科胡特説過這樣一句話：「如何拒絕你？沒有敵意的堅決。如何深愛你？不含誘惑的深情。」

既然存在這樣一種可能：是他人的讚賞與認可餵養了你助人的熱情，那麼，如果去掉那些讚賞與認可呢？你是否仍有行事的動力？為何不忘記那些目光，在自我的意志中塑造出真實的模樣呢？

請審查自己的內心：你是你自己，還是別人想要你成為的那個人？

如果你總是不問緣由地攬下所有的事情，不如偶爾也拒絕一些不必要的幫忙。試試「物歸原主」，把他人的事情還給他人，自己的事情留給自己。聰明的你或許早已知道，授人以魚不如授人以漁。那麼，去做，去實踐！讓你的「知道」變成「了解」，在行動的過程中，你會收穫真正的意義。

而這才是你「愛人」「助人」的正確方式。

如何拒絕一個人？

好人先生終於支撐不住，轟然倒地，行李全都壓在他的身上。幾位尾隨其後的心理治療師目睹此狀，相互間擠一擠眼，奔上前來。

人本主義治療師：「親愛的來訪者，你缺乏的是關注與理解，讓我將我的愛給你，你會獲得自我成長的力量。」說完就要解開衣襟，掏出自己的心肺。

精神分析治療師：「我的病人，想必你童年時遭受過巨大的精神創傷。來，握住這個懷錶，讓我為你催眠，修復你的創傷。」說完，就要將懷錶塞予他。

認知主義治療師：「先生，你的頭腦中充斥着不合理的信念，你需要一個新的頭腦。來，讓我將自己的換給你。」說完，就開始扭動腦袋。

好人先生吃力地張開嘴，終於拚盡全力吼出一句話：「不！！」眾位諮詢師欣慰地笑了起來：「你終於能夠說出這句話。」他們挪開了行李，將好人先生從沉重的負荷中解脫出來。

做了好多年濫好人的你,最需要學會的,是拒絕。讓我告訴你幾個行為技巧,請仔細聽好。

 1. 保持簡單的回應:「對不起,我不能。」

想要打破「是」的循環,可以先從這句話練起。千萬句曲折的話語也抵不過這一句所擁有的力量。你可以微笑或者攤手,表明你的歉意,但態度一定要堅決,這樣可以傳達出一個清晰、強有力而有禮貌的拒絕。人們會在頭腦裏給自己設置很多的障礙,而當你嘗試開口後,你會驚訝地發現,其實最後的感受並非如你所想的那樣糟糕。

2. 放慢語調,用一句肯定的話來開頭

「這聽起來很有趣,但是……」

積極的詞匯會使對方減少防備,當他的心開始敞開,他會更容易接受你接下來給出的拒絕理由。

3. 真誠地表露自己的難處,但不要長篇大論

適當的自我暴露會讓對方感受到你的真誠。人人都有難處,誰也不是萬能的。但過於囉唆會丟失話語本身的重心,同時讓對方感到厭煩。

 4. 給自己一些時間 ⚡

「讓我考慮一下，好嗎？」

當事情看起來比較棘手時，你需要一些時間來冷卻頭腦裏的衝動和忍不住脫口而出的「好」，這就是「冰杯法」。給自己兩盞茶的時間，仔細考慮是否應該出手幫助，以及自己是否有能力給予幫助，這會促使你作出更為合理的決定。

5. 考慮一個折中的方案，實現一個較小的承諾 ⚡

這是對登門檻效應的逆向應用。這樣做可以讓對方獲得一種心理上的補償感。

6. 坦誠自己的無能為力，並提供一些適當的建議 ⚡

「在這件事上我無法給你幫助，為什麼不去找某某試一試？」

如果你覺得自己不能對這件事作出最大的貢獻，或者沒時間，或者缺乏資源，不要拐彎抹角，先讓對方知道這個事實。然而，這並不意味着你是毫無幫助的，你仍然能給別人一些參考建議，讓他們有行動的方向。

7. 將人與問題區分開來 ⚡

「對不起，不是我不想幫你，而是我解決不了這個問題。」

拒絕幫忙並不代表排斥那個人，也不代表否定了你們之間的關係。運

用得體的表述會讓人們弄明白這一點。

 ## 8. 以幽默來沖淡可能造成的不快 ⚡

幽默是一種特殊的情緒表現，也是人們適應環境的工具。

當你無法分出時間來做某件事時，你可以苦笑道：「我盼望自己有三頭六臂，最好再有一個分身的好法術來助你，可是你看，我的書桌上攤着一堆的公文，實在是分身乏術啊。」

面對不願應酬的場面，也可以巧妙地示弱：「對不起，家有悍妻啊。回去晚了，是要跪玻璃的」。如此四兩撥千斤，許多疑難便都可以輕輕推開。

---

8 個拒絕做濫好人的關鍵詞！

● 簡單　● 積極詞匯　● 自我暴露　● 冰杯法
● 折中　● 建議　● 問題　● 幽默

拒絕沒有你想像中那麼艱難。當你踏出了第一步，最難的便已經過去。文中大 boss 級別的好人先生在不堪重負之際也終於吐出一句遲來的「不」，那是他的改變。而你，又有什麼理由不改變呢？

網上聊天為何喜歡發表情？

一個溫柔的朋友說過，文字太硬，所以他喜歡在 Whatsapp 時「腥」一些表情，那些五顏六色的表情，或賣萌，或吐槽，或搞怪，彷彿代替聊天的人，將他的情緒和願望傳達給對方。將原本乾巴巴的文字交流，豐富成一齣生動的劇目。你，也是那個 Whatsapp 時喜歡發表情的人嗎？

人類離不開表情

人類離不開傳情達意的工具——表情。甚至可以說，所有的人都在分享着一個重疊的表情語言。達爾文在《人類和動物的表情》（*The Expression of the Emotions in Man and Animals*）一書中就曾指出，面部表情是進化的產物，對種族的生存與適應起到巨大的作用。大量的研究表明，嬰兒早期的情緒反應及表情的生理知覺是本能的，是在種族發展中固定下來的先天特徵。圍繞着嬰兒的生活需要和社交需要，人類的基本情緒和表情在 1 歲內均已出現，且生活在不同文化中的兒童具有很多相似的情緒反應。

這種跨文化的一致性使得表情超越了文字表達上的限制，成為維繫人們情感連結的重要方式。作家芬妮摩爾曾經讓讀者想像——「一個男人，他善良、正直、彬彬有禮，但就是沒有那顆心」，她勾勒出來的畫面令人心驚。但倘若失去的不是心，而是表情，那又會如何呢？你，能想像出一個沒有表情的人嗎？

或許，這就是為什麼當網絡日漸成為真實社區的縮影時，人們也隨之創作出各種有趣搞怪的網絡表情的原因。當我們在網上聊天時，總不忘加上各種貼切的表情符號，這正如在真實生活裏高興了會笑，煩惱了會皺眉，害羞了會臉紅一樣，都是情感的外在表露。

向靈動、豐富的生命致敬

當然，表情符號不只是情感的載體，它還有更深層的含義。

認知心理學認為，在記憶和思維過程中，信息的編碼方式主要有兩種：言語編碼和表象編碼。後者的編碼方式的激活速度較快，聯想強度較高。相應地，結合圖片與文字進行信息交流，符合我們的記憶及思維習慣，也能在密集的對話中增添一些想像的空間與回味的餘地。

表象編碼

表象編碼，是指利用視覺、聽覺、味覺和觸覺形象組織材料來幫助記憶與思維。

社會心理學家米德的符號互動論又進一步指出，人與人之間的交流互動是由「符號」及其意義所引起的，交流的雙方不是對對方的符號或者信息傳遞作出簡單的回應，而是一種積極能動的回

應，人們會賦予這些符號以不同的社會意義。在網絡語境下，表情符號擁有豐富的寓意，它讓呆滯的語言變得活潑起來，像潺潺的泉水一樣靈動地流淌。不善言談的傢伙們盡可以向表情求助。一個齜牙的表情可以表示自信、愉快，也可以表達一種爽快利落之氣，又或者是詭計得逞後的得意。透過這些靈動的表情符號，我們也彷彿看見了其背後那個靈動的、流淌的人。這是對真實人性的致敬，也讓整個互動過程顯得更為有趣。即使是隱匿在虛擬的網絡世界之後，人們也仍然願意表露出豐富而不乏生命力的自我。如同孔雀開屏一般，借助個性化的表達，人們得以在群體中區分出自我的獨特存在。

 ## 但願你喜歡我

然而，即使無限地接近真實世界，網絡人格與現實人格仍然有所差別。一個在網絡上侃侃而談、妙趣橫生的人，落在現實的平地上，也許會顯得分外呆板乏味。他的肢體動作或許很僵硬，也無法表現出網絡上那樣靈動豐富的表情。但你並不能就此斷言，網絡上的他就是虛假的。當你接近他，深入地了解他後，他就會慢慢地舒展開來，而那時他所呈現給你的，也許是更為豐富的一面。

這是人性非常有趣的地方。或許就像瑞士分析心理學家榮格所說的那樣，人格是由面具構成的。一個面具就是一個子人格，而人格就是一個人使用過的所有面具的總和。人們在不同的場合會表露出不同的自我，就像戴上不同的面具一樣，沒有真假之分，只有公開面具和隱私面具的區別。

Whatsapp上那個愛發表情的他，自然也是戴上了一副人格面具，但他向你展現的，又何嘗不是他想要讓你看見的那一部分呢？他想讓你看見他的有趣，所以賣萌耍賴；他想讓你看見體貼與溫柔，所以遞上臨睡前的一盞小月亮；他想緩和沒有話說的尷尬氣氛，所以發來一個哇鬼表情；他膽怯又失措，無法用笨拙的口說出愛，所以用紅色的心形來傳達他的心聲……

這是社會適應的一種方式，每個人都渴望被他人所接納，甚至喜愛。而人們的心靈全貌就像一汪深邃奔騰的海洋，當你走近，並且駐足傾聽時，你必定會為那些躍動的浪花而顫慄、驚喜。

透過社交網絡能看出人的性格嗎？

1993年7月5號，《紐約客》刊載了這幅漫畫，藉以諷刺匿名網絡世界中人與人之間交往的不真實性。隨着社交網站的不斷完善，大部分人得以在這個狹小空間裏任意控制和塑造一切能夠定義自我的細節。在社交網站中也許沒人知道你是一隻狗，但他們或多或少也了解你的性格特徵，這種了解在心理學中被稱為網絡人格知覺。

什麼是網絡人格知覺？

布倫斯維克在1956年提出了透鏡模型，指出環境中的線索是觀察者覺察潛在結構和意義的透鏡，具體到通過可觀察的線索對目標個體的人格特質進行推斷，就是人格知覺。而網絡人格知覺則是基於網絡中的一切信息，對信息所有者的人格特質進行知覺、判斷和評價的過程。

曾有許多研究者指出，社交網站是人格知覺的理想環境，因為它是一個高度自我表達和信息控制的平台，其中的每一個細節都是頁面主人意識決策的結果。

網絡人格知覺準確嗎？

瀏覽社交網站也可以結識女人嗎？聽説《非誠勿擾》上某男嘉賓在關注了某女嘉賓的微博後毅然為她而來，男嘉賓是不是太傻太天真呢？

自我──他人一致性是人格知覺準確性的主要指標。簡單來説就是對於「我是一個怎樣的人」這個問題，我的回答和他人的回答是否一致。這個證明起來也十分簡單，往往採用某種人格測量工具，同時對當事人進行自評與他人評定，兩者之間的相關係數達到顯著水平則表明人格知覺準確。目前大量以Facebook為線索的研究顯示了這種準確性。如此説來，男嘉賓的舉動確有理論依據。

但人格知覺的準確性同時受到線索、知覺者、被知覺者以及知覺特質的影響，研究者曾在通過電子郵件進行人格知覺的研究中發現：外向性這種人格特質（如外向開朗的人）有更高的知覺準確性，而精神質（如冷漠、自我中心）的人較低。

 ## 網絡人格知覺是通過哪些線索實現的？

宿舍的女生抱怨Facebook上某好友不斷放自己的照片太自戀，還把人家拉到黑名單裏去了，如果基於網絡信息的人格知覺是準確的，那又是通過哪些線索實現的呢？

一項針對自戀人格的研究發現，Facebook用戶頭像的性感程度、自我提升程度、吸引力程度以及好友互動的數量都是他人能夠準確知覺其人格的線索。頭像在其中顯得尤其重要，因此有人驚呼：一張照片抵得上千言萬語。

雖然目前對其他人格特質的網絡知覺線索鮮有研究涉及，但以往研究也顯示出特定人格特徵確實與社交網站中的行為表現存在密切聯繫，比如大五人格（Big Five）中「神經質」得分較高的用戶，會更多地使用「狀態更新」這一功能來表達自我；而「宜人性」得分較高的用戶喜歡評論他人發佈的內容。

大五人格	
因素	雙極定義
外向性	熱情、社交、果斷、活躍、冒險、樂觀等
神經質	焦慮、敵對、壓抑、自我意識、衝動、脆弱等
開放性	想像、審美、情感豐富、求異、創造、智慧等
宜人性	信任、利他、直率、謙虛、移情等
盡責性	勝任、公正、條理、盡職、成就、自律、謹慎、克制等

為什麼會在意
他人的看法？

薩特說過,「他人即地獄」。我們為什麼會
受他人的目光所左右?為什麼會在意他人的
看法?我們的人生真的不需要解釋嗎?無
論如何,了解一種心理現象背後的機制進
而了解自己,才能對哲人的智慧有所回應。

📢 從很久很久以前說起 ⚡

追溯到遠古時代,我們的祖先以群居的方式保存生命,使種族得以延
續。群體中的行為需要合作,背叛意味着孤立與懲罰。在長期的進化
歷程中,人類早已具備了覺察欺騙者的能力,這種覺察往往會形成對
一個人的評價。尤其在現有比較安全的生活環境中,由生命威脅引發
的合作行為已經越來越少見,人與人之間的疏離感頓生,「合群」與
「受歡迎」就顯得尤其重要。

這是一種關於印象管理的策略。心理學家埃爾溫‧戈夫曼在 1959 年提
出相關理論,指出「印象管理」即人們試圖管理和控制他人對自己形成

印象的過程，這一過程背後透露出，個體試圖以與當前的社會環境或人際背景相吻合的形象來展示自己，以確保他人對自己做出愉快的評價。

 ## 抱歉，「我」很博愛

用文化心理學中的「自我邊界」同樣可以解釋這一現象。學者汪鳳炎在《中國文化心理學》一書中談及，中西方人對「自我」的理解不盡相同，這主要表現在兩個方面：

1. 含義的範圍大小有差異

西方人講的自我是真正意義上的個體自我，即個體對自己的自覺與反省。中國人對「我」的界定則寬泛得多，不但包含個體自我，還包含形形色色的社會自我。

2. 西方人對自我的理解側重於自己對自己的獨立認識

中國人則強調在人與人之間的關係上來理解自我，在中國人心中，沒有與他人的交往也就沒有了自我。香港學者楊中芳表達了對這一觀點的認同。他認為，中國人傾向於用「自己」來代替「自我」的概念，「自己」不僅包括了本人，還包括了「自己人」。從文化的角度看，中國人比西方人更加在意他人的看法。

 ## 「我」是易感類人群

此外，從個體層面來看，也存在一部分個體比另一部分個體更在意他

人看法的現象。這涉及兩個概念：

1. 場依存 VS 場獨立

在心理學中，所謂「場」指的就是外界環境。赫爾漫‧伊特金認為，有些人在知覺時較多地受到周邊環境信息的影響，而有些人則較多受到身體內部線索的影響。因而，較多依賴自己內部參照，獨立對事物作出判斷而不受外在干擾的被稱為場獨立型，更多地依賴周邊環境作為外部參照的則為場依存型。毫無疑問，場依存型的個體要比場獨立型個體更加在意他人的看法。

2. 依戀類型

心理學家依據親密關係的焦慮、迴避維度將個體分為四種依戀類型：安全型（低焦慮、低迴避）、焦慮型（高焦慮、低迴避）、冷漠型（低焦慮、高迴避）和恐懼型（高焦慮、高迴避）。

安全型的個體對情感的親密和相互依賴感到安全自在；焦慮型的個體依賴於他人的認可，只有得到他人認可才會產生良好的自我感覺，貪婪地尋求被接受；冷漠型的個體感覺與他人的親密並不值得憂慮，能夠做到自我滿足，從而拒絕與他人相互依賴；恐懼型的人由於擔心遭到拋棄而避免與其他人建立親密關係。

可以看出，焦慮型與恐懼型的個體對他人看法的關注度幾乎到了病態的程度，而冷漠型的個體也許根本不在意他人的看法。

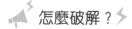 **怎麼破解？**

我們找到了在意他人看法的合理依據，但生活中總有人因為太在意他人看法而感到困擾，根據黃懷寧的觀點，這種困擾表現在兩方面：「一是對別人情緒與行為的敏感；二是壓抑自己的行為與情緒，讓外界滿意。」而這背後也不乏糟糕的家庭教育等原因。

糾正的方法可以從認知、情緒和行為三個方面展開：

1. 認知上改變外控，認識到自己與他人之間的邊界，將控制點慢慢轉移到內部來。

2. 情緒上自由表達，自由宣洩，不卑不亢，向外發洩而非向內壓。

3. 行為上要主動交往，主動幫助他人，用行為表達自己的想法，學會對抗也學會道歉。

最後，也許用這四行詩總結再合適不過了：

生命誠可貴，愛情價更高。
若為自由故，二者皆可拋。

CHAPTER
06

那些
玄之又玄
的說法

鬼壓床

究竟是怎麼回事？

經過一天的學習工作，終於可以躺在舒適的床上睡一覺好的！把疲勞的身體裹在被子裏，睏意漸襲，突然，心中感到一陣憋悶，四肢無法動彈！口不能言，頭不能轉，胸口彷彿被什麼不明物體緊緊壓住，呼吸似乎都要在此刻停止！無論自己如何掙扎，都很難甦醒過來，焦慮、恐懼全部在此刻湧上心頭，背上都開始涔涔地向外冒冷汗。難道，這就是傳說中的「鬼壓床」嗎？

鬼壓床真的是鬼怪作祟？

實際上鬼壓床並非真的是鬼怪在作祟，它只是一種睡眠障礙而已。心身醫學將其稱為「睡眠癱瘓症」或「夢魘症」，它常發生在剛入睡或者是將醒未醒的時候，這個時候人們剛好進入熟睡──做夢的睡眠週期。

此時大腦的大部分神經中樞正處於一個熟睡──做夢的時期，即快速動眼期。處在這個時期的大腦做夢活動加速，運動神經中樞基本休眠，身體隨意肌處於靜止狀態。出現睡眠癱瘓症的人們大腦中的一部

分神經系統已經清醒，開始有意識，並能對環境進行感知並產生相應的情緒。但大腦的大部分神經系統仍處於休眠狀態，尤其是運動神經中樞還未清醒，所以常常會導致我們意識清醒，情緒氾濫，卻總是無法操控我們的身體，給出相應的反應。

仍未脫離夢境時，還會產生相應的幻覺，再通過人們擅長的誇張渲染和藝術加工，自然就成了今天在民間流傳甚廣的「鬼壓床」一說。但用一句最簡單的話來概括，這只是一種大腦神經中樞和運動神經中樞甦醒不同步所導致的常見現象罷了。

為什麼會出現鬼壓床？

美國的相關研究報告稱，全美大約有40%至50%的人在一生中至少經歷過一次睡眠癱瘓症，中國也有相當多的人表示曾有過這樣的睡前體驗，兒童、青少年、成年早期都常有發生，甚至不少中年人也有過這樣的體驗，比例也不算低。那麼究竟是什麼導致了鬼壓床這種現象呢？

首先，是由神經中樞的清醒不同步造成的，實際上就是因為某些因素使我們的神經中樞一直保持興奮，所以才會出現這樣一種清醒狀態。心理學的相關研究證明，在壓力過大、過度焦慮、緊張、極度疲憊、失眠、睡眠不足或有時差問題的情況下，我們會提前進入快速動眼週期，身體已經因為過度勞累而主動休眠，可是大腦還無法擺脫那種「備戰」的狀態，仍然保持清醒，所以睡眠癱瘓症就出現了。

一言以蔽之，「精神無比活躍，身體卻太過疲憊」。

其次，睡姿和睡眠環境也有很大影響。例如，壓在身上的被子過於厚重，將頭蒙在被子裏，趴着睡在硬床上，把被子緊緊裹在身上等奇怪睡姿也很有可能誘發鬼壓床。因為這些睡姿很容易引起呼吸和血液循環不順暢，這些生理因素恰好符合鬼壓床和做噩夢時的生理反應。

最後，房間空氣不流通，房內雜物堆積過多，睡眠環境過於擠逼壓抑，也可能引發睡眠癱瘓症。甚至有的雜物乍看還真的像一個披頭散髮的妖魔鬼怪，就算清醒的時候也可能會被嚇得不輕！

如何告別鬼壓床？

有一位大媽曾在經歷了鬼壓床之後特地跑到廟裏找了一位高僧為她作法驅鬼，只見那高僧神神叨叨地念了一通咒語後，交給大媽一個護身符，說是開過光，只要998元，保證百鬼不侵，諸神保佑。大媽聽了心安理得地回家睡覺，果然高枕無憂了。

高僧雖然有點裝神弄鬼的嫌疑，但正好解決了鬼壓床產生後最重要的問題——恐懼心理。鬼壓床不是病，卻會給人們帶來一種極為強烈的恐懼，乃至瀕死的體驗，常常會使人認為有什麼超自然的力量在作祟，需要更高一等的超自然力量保佑才能渡過難關。實際上，只要正確地認識鬼壓床，淡然面對，問題就迎刃而解了！

深呼吸法

作用：主要用於緩解負責恐懼情緒與放鬆興奮情緒的神經中樞。

做法：入睡前，通過幾次有規律的深呼吸來緩解此刻的不良情緒，放鬆興奮的腦神經。深吸氣時，先使腹部膨脹，然後使胸部膨脹，達到極限後，屏氣幾秒鐘，逐漸呼出氣體。呼氣時，先收縮胸部，再收縮腹部，盡量將肺內氣體排出。反覆吸氣、呼氣，3至5分鐘即可。

在此，也提供給各位一種簡單的方法來防治睡眠癱瘓症。

最後，遇到鬼壓床請不必大驚小怪，你只是有一部分大腦神經因為過於興奮提前醒過來而已。

參考資料：

1.《變態心理學導論》，劉新民、談成文著，合肥工業大學出版社，2011年7月。

2.《今夜不再無眠：睡眠問題的調試》，沙維偉、劉新民著，人民衛生出版社，2010年10月。

噓，說出口的靈
願望就不靈了？

生日聚會上，朋友為你送上生日歌：「祝你生日快樂，祝你生日快樂……」派對上的主角站在燭光面前，閉上眼睛，輕輕地許下了一個願望。

「喂，你許的什麼願望？」一旁的好事者問道。

她狡黠地笑了笑：「不能告訴你喔，說出口的願望就沒法實現了。」

願望說出口就無法實現？真的嗎？

📢 一項心理學實驗 ⚡

紐約大學的心理學家彼得‧格威特曾經做過一項有趣的實驗。他讓所有的被試者寫下一個小目標，然後將他們分為兩組。接着，他要求其中一組被試者向房內其他人宣告自己的目標，另一組被試者則保持沉默。之後，每個人都有45分鐘的時間來實現自己的目標，同時被告知，如果遇到困難，也可以隨時放棄。

猜一猜，兩組被試者的表現會有怎樣的差別？

實驗結果可能出乎你的意料。沒有把目標說出來的那一組，在整個時間段內一直都很努力，他們一步一步地向着目標邁進，同時也能認清現實，在隨後的訪問中坦言，需要再多花一些時間方能達成目標。而說出目標的那一組，平均33分鐘之後就放棄了。他們缺乏有效的行動力，沉溺於幻想之中，在後來的訪問中，坦言普遍有一種「目標似乎觸手可及，我好像離它很近，但伸手又夠不到」的複雜情緒。

如此看來，說出願望的確會讓事情變得糟糕，它掏空了人們進一步行動的熱情，讓說出口的願望容易半途而廢，似乎只起到了望梅止渴的負面效果。這究竟是什麼緣故呢？

大腦會把「說的」當成「做的」

格威特認為，這個問題源於我們的身份認同感。假如一個人的行為舉止符合某一種身份時，他就會產生一種幻覺，似乎他已經成了自己渴望成為的那種人，而大聲宣告出心底的願望，會使人們遠離那成就夢想的道路。人們會懈怠下來，徜徉在幻想的夢境裏，儘管他們什麼也沒做，只是說說而已。

針對這一現象，社會心理學之父庫爾特‧勒溫還有更詳盡的解釋。他提出了「替代作用」的概念。他認為，大腦會把「說的」當成「做

替代作用

心理學上解釋，當原有事物目標無法符合個人需求條件時，人們會轉向以另一目標作以替代，這個現象稱為「替代作用」。

的」。雖然通常的情況是，你實現願望（或達成目標）之後，才會獲得滿足感，但當你把自己的願望告訴別人時，他們對你的讚賞、支持，構成了一種「社會現實」，從而使你的大腦產生一種已經實現的錯覺。當你感受到那種替代的滿足感時，彷彿真的實現了目標一般，動力也會隨之降低，自然就怠惰下來。後續的學者相繼證實了這一觀點的正確性。

小心內部動機轉化為外部動機！

除此之外，說出口的願望也很容易演變成一件為了應付他人而不得不做的事情。當托起願望的那個支點由內部動機轉化為外部動機時，微妙的變化也隨之發生。讓我們先來看一個故事。

一位老人在鄉間休養，但附近卻住着一群十分頑皮的孩子，他們天天追逐打鬧，喧嘩的吵鬧聲使老人無法靜養。屢禁不止後，老人家想出一個好主意。他把所有的孩子叫到一起，告訴他們誰叫的聲音越大，得到的報酬就越多。之後，他每次都根據孩子們吵鬧的情況給予不同的獎勵。當孩子們已經習慣於獲取獎勵的時候，老人開始逐漸減少報酬。最後，無論孩子們再怎樣吵鬧，老人什麼也不給。

過度理由效應

每個人都力圖使自己和別人的行為看起來合理，因而會為行為尋找原因。一旦找到足夠的原因，就會停止尋找。在尋找原因時，總是先找那些顯而易見的外在原因。一旦外在理由不復存在，最後這種行為也將趨於大為減弱，在理由不復存在時，最後行動的力量就會終止。這就是過度理由效應。

這樣一來，那群孩子反而不樂意大叫了，他們撇撇嘴，認為「不付錢了誰還給你叫，天底下沒有這樣便宜的好事」，於是再也不到老人的住所附近大聲吵鬧了。

在這個故事裏，老人巧妙地將孩子們的動機由內部轉向到了外部。起初，是孩子們自己喜歡吵鬧，但到了最後，他們卻認為自己是為了老人而吵鬧，產生過度理由效應，他們不再心甘情願地去喊叫了。

同理，大聲說出心底的願望，勢必會讓自己陷入他人的目光之中。他人的審視與評價都會影響到你，你的行為動機必將受到影響，變得不再純粹，一旦我們的動機由外部理由所支撐，那麼我們行動的力量就會大為減弱。當遇到困難的時候，你一度躊躇彷徨，而狡猾的內心機制會幫你推卸責任。它小聲地暗示你，「你是為了實踐承諾才去做這件事，這並不是你的真實意願」。在不斷的壓力與暗示當中，你的動機由內部轉向了外部。於是，你的腳步停止了。

試着換一種方式

如果你無法忍住把願望說出口的衝動，或許，可以換一種方式，將目標意圖轉換為執行意圖表達出來。什麼是目標意圖？就是自己想要得到什麼。而執行意圖則具體到如何才能實現，它從結果出發，將抽象的目標細化為一步步具體的行動，它像一種自我監管的工具，將虛幻的滿足感擋於門外。

眼皮跳真的與運氣有關嗎？

民間有種說法，「左眼跳財，右眼跳災」，更有用眼皮跳來占卜。已經有很多人驗證了這一說法，比如左眼皮跳了一下，會有小驚喜發生，右眼皮跳了一下，會遇見超級倒楣事等等，可是眼皮真的有那麼神奇嗎？真的能幫我們預知凶吉、占卜未來嗎？

眼皮跳與運氣無關！

眼皮只是身體構造的一部分，本身並沒有什麼神能，自然不可能為我們預知凶吉。搞清楚眼皮跳背後的心理作用，你就知道為什麼「左吉右凶」的說法許多人深信不疑。

1. 科學上看眼皮跳

眼皮跳，醫學上的學名是「眼瞼震顫」。眼皮負責閉眼的工作，由圍繞眼睛的眼輪匝肌所構成；而我們所說的眼皮跳，其實就是控制眼皮肌肉的神經不正常興奮所引起的，也就是部分眼輪匝肌纖維在短時間內

不能自主地持續收縮，以致牽動其上的皮膚。

疲勞過度、用眼過久或睡眠不足，會導致眼皮跳頻繁發生，其他像是強光、藥物產生的刺激，或眼睛被吹進了異物，或常常抽煙喝酒等等，都會刺激眼睛，引起眼皮跳。

2. 心理學上看眼皮跳

認定了「眼皮跳＝有事發生」的人，可能是受到暗示的影響。當你受了「左眼跳財、右眼跳災」這一說法暗示的時候，你的潛意識就會儲存下會有相應事情發生的信息，從而左右你的觀念，相信暗示的事情真的會發生。

暗示效應

暗示效應是指在無對抗條件下，用含蓄、抽象誘導的間接方法對人們心理和行為產生影響，誘導人們按照一定的方式去行動或接受一定的意見，使其思想行為與暗示者的目標相符合。

📢 左眼跳財：期望定律 ⚡

美國著名的心理學家羅森塔爾在 1966 年設計了一個實驗，試圖證明實驗者的偏見會影響研究結果。在其中一項引人注目的研究中，羅森塔爾及其同事要求老師對他們所教的小學生進行智力測驗。他們告訴老師，班上有些學生屬大器晚成，並把這些學生的名字告訴了老師。羅森塔爾認為，這些學生的學習成績可望得到改善。事實上所有大器晚成者的名單，是從一個班級的學生中隨機挑選出來的，他們與班上其他學生沒有顯著不同。可是當學期末，再次對這些學生進行智力測驗時，他們的成績顯著優於第一次測得的結果。

期望定律

期望定律說明，當我們懷着對某件事情，非常強烈期望的時候，我們所期望的事情就會發生。於是當我們堅信「左眼跳財」的時候，餡餅就真的從天而降了。

為什麼會這樣呢？羅森塔爾認為，這可能是因為老師們改變了自身信念，予以這些學生特別的照顧和關懷，他們的成績也因此得到了提升。這就是期望定律。

期望定律（也稱為羅森塔爾效應）表現的是一種心靈的力量，當你對一個人期望較高，總是給對方鼓勵時，對方就可能成為你所期望他成為的那種人。同樣，當你對自己沒信心時，給自己一個期許，並給自己足夠的信心和勇氣，朝着這個目標不斷前進，最終你取得的進步會讓你自己都驚歎不已。

所以，如果你堅信會有驚喜發生，那麼即使左眼皮不跳，驚喜也會經常光顧你的生活。

右眼跳災：墨菲定律

墨菲定律，最簡單的表達形式是越怕出事，就越會出事。

墨菲定理闡述的是一種偶然中的必然。我們舉個例子：你新買了一部手機，把它裝在包裏，生怕一不小心會遺失，所以你每隔一段時間就會打開背包，查看手機還在不在，於是你的規律性動作引起了小偷的注意，最終小偷偷走了手機。即使沒有被小偷偷走，你在反覆翻包的過程中，也會在不經意間將手機翻丟。

為什麼越害怕發生的事情就越會發生？就因為害怕發生，所以會非常在意，注意力越集中，就越容易犯錯誤。所以，當你篤信「右眼跳災」的時候，就會怕有事情發生，從而把注意力集中在不好的事情上，最後「心想事成」。

如果下次你的眼皮跳了，請不要害怕，這只是身體給你的一個善意的提醒，你應該多注意休息了。

墨菲定律

又名摩菲定理，是指「凡是可能出錯的事必定會出錯」，事情往往會向你所想到的不好的方向發展，任何一個事件，只要具有大於零的機率，也不能夠確定它不會發生。

夢遊是怎麼回事？

在一個月黑風高的晚上，正當你在床上翻來覆去睡不着時，突然發現枕邊人正幽幽地爬下床。他是去小便嗎？

不是！只見他步履蹣跚地在垃圾桶邊上坐下來，掏出廢紙就要往嘴裏塞！他瘋了嗎？還是在夢遊？

夢遊到底是什麼？

夢遊這種看似神奇古怪的現象，其實是睡眠障礙的一種，醫學上我們常稱其為睡行症。夢遊是一種在睡眠過程中起床在室內或戶外行走，或做一些簡單活動的睡眠和清醒的混合狀態。一般夢遊者不說話，詢問也不回答，大多都能自動回到床上繼續睡覺。引發夢遊的主因是睡眠階段的轉換不完全，尤其小孩若在熟睡期間被忽然叫醒，日後就會有因睡眠階段轉換不完全而發生夢遊的可能。

1. 夢遊的狀態是半夢半醒的

美國明尼蘇達州睡眠障礙研究中心的卡洛斯・申克博士表示：「在夢遊時，人處在一種半夢半醒的狀態。在這個過程中，大腦會產生 δ 波和 θ 波，這證明夢遊者處在一種非常朦朧的狀態。在大多數情況下，夢遊都發生在深度睡眠的第三和第四階段，在這兩個階段，大腦發出 δ 波，幾乎不會做夢。」

這樣的狀態用暈暈乎乎、半夢半醒來形容是再好不過的了。所以夢遊的人雖說視覺是關閉的，但是面對現實中的種種障礙他也能迴避得恰到好處。有的時候你甚至可以與他進行對話，他還會回答你一些問題，不過自然也是半夢半醒，模模糊糊的，讓人聽不清楚，不知道他到底在說些什麼。

2. 夢遊的範圍是普遍的，種類是繁多的

流行病學的研究指出，睡行症的發生率大約為1%至5%，主要發生在兒童身上，成人只佔少數。美國斯坦福大學醫學院最新研究表明，約3.6%的美國成年人可能患有睡行症。該研究還顯示，夢遊與某些精神狀態存在關聯，如沮喪或焦慮等。

夢遊者的夢遊舉動更是千奇百怪。根據許多人的親眼所見，有些人會爬起來吃飯喝水，有些人會穿着內衣內褲出門，有些人則會一個人起身去廚房煮飯，煮好飯後一口也不吃又回房間繼續睡覺……

總之，夢遊的人數可能並非大家想的那麼少，而夢遊的種類那可就是只有你想不到，沒有他們做不到的了。

3. 夢遊的原因至今還沒確定

關於夢遊原因，解釋也是多種多樣，其中生理心理學認為有一定的遺傳因素。一項研究發現，同卵雙生子出現夢遊一致性的概率達到55%，而異卵雙生子亦有35%；24%的夢遊者的家人也有同樣的毛病，而且有50%的夢遊者有特殊的與免疫系統相關的標記基因，平均4個人中，就有1個有此基因。除此之外，23%的夢遊者有精神方面的疾病，18%有神經方面的疾病。瑞士大學的巴塞蒂博士推測這些疾病可能都與夢遊症有關。

另一方面，精神分析學創始人弗洛伊德則認為，夢遊是一種被潛意識壓抑的情緒在適當的時機發作的表現。其著名的「本我、自我、超我」人格學說正好能形象地解釋夢遊的原因：本我力量積聚到一定程度時，會沖過正在值勤的自我的警戒線；面對來勢洶洶的本我力量，值勤的自我只好睜一隻眼閉一隻眼，個別值勤的自我還會被抓來做「幫兇」，因為人的言行都屬自我的管轄；本我胡鬧了一會兒之後，能量消耗了不少，值勤的自我立即把本我趕回牢籠；為了逃避超我的懲罰，值勤的自我知情不報，結果夢遊者醒來以後便會對剛才發生過的事一無所知⋯⋯

📢 我有夢遊，怎麼辦？

夢遊者的意識畢竟仍處於一種朦朧的狀態，這種狀態下既可能給別人帶來困擾和驚嚇，也很容易傷害到夢遊者本身。那麼，夢遊到底應該怎樣治療呢？又是否可以叫醒正在夢遊的人呢？

1. 不能叫醒夢遊的人嗎？厭惡療法偏偏讓你醒來！

美國加利福尼亞睡眠障礙中心的負責人邁克爾．薩勒米表示：「當你叫醒夢遊者時，他們可能會被嚇一跳，或是感到無所適從，但認為這會讓他們因驚嚇過度而死亡，則完全是聳人聽聞的謬論，至少我從來沒有看過有確切文件記載過有人因此而被嚇死。」

目前治療夢遊最直截了當的方法仍是厭惡療法，也就是將夢遊的人從夢遊的狀態中叫醒，或是中斷他的夢遊行為。通過厭惡療法讓夢遊者脫離夢遊狀態，打破夢遊者的行為定勢，這種下意識的行為會因達不到目的逐漸消退。所以馬克．吐溫曾惡作劇式地對一個夢遊者說，只要在床前撒上一把圖釘，保證夢遊可治好。

但厭惡療法畢竟是一種療法，我們不建議普通人使用。建議避免叫醒夢遊者，而是輕輕地挽起他們的手，帶他們上床，哄他們安安靜靜睡覺才對。

2. 夢遊是否是心魔在作祟？精神分析與你共同挖掘潛意識！

從夢遊的行為來看，除了吃飯喝水是出於生存本能外，大多數的夢遊是一種象徵性的願望補償，是其潛意識的流露。精神分析學認為，要根治夢遊症狀，必須要做的就是解除內心深處的壓抑。其實要尋找夢遊者的病因是非常簡單的，夢遊者的夢遊行為十有八九代表了他內心深處的想法。

常見的兒童夢遊除了是因為腦部發育不完全之外，大多是由分離焦慮或者是思念某位親人所致。家長或孩子的管教者應給予孩子更多的溫

暖和關心，減輕孩子們的分離焦慮，減少孩子對親人的思念之情。有可能的話，應盡早讓孩子與親人相見或通個電話，這樣可以有效消除孩子對親人的過份思念。

一個特別經典的案例：一個丈夫總喜歡在夢遊時把裝着子彈的獵槍對準妻子，這其實是在夢遊中借助自己的意象來發洩內心的不滿。如果夢遊是由夫妻間隱性衝突造成的，那麼解除患者內心深處的壓抑感便是治療夢遊症的關鍵之處。這個案例中，夢遊者的妻子應當與丈夫促膝談心，努力解決存在的矛盾與衝突。

聽說還有一位仁兄曾經夢遊了20年，跑去別的地方結婚生子重新生活，這絕對是個謊言。因為夢遊始終只是個朦朧的狀態，最多只會持續數天。

參考資料：

1.《變態心理學導論》，劉新民、談成文著，合肥工業大學出版社，2011年7月。

「預知」真的可信嗎？

狄更斯曾說過這樣一段話：「我們都有一種偶然而生的感覺，覺得我們現在所說所做的是很久以前所說所做的事情，覺得我們很久以前曾被同樣的面孔、同樣的事物、同樣的環境所環繞，覺得我們很清楚再往下去要說些什麼，彷彿我們突然記起這一切一樣。」

你，是否曾有過這種神秘的感受，而事情的發展真如你所「預知」的那樣嗎？對於我而言，是的，我還曾一度以為我是被上天眷顧的孩子，我有預知未來的能力，也曾一度為如何使用這種能力而惶惑不安過，後來，我才漸漸明白，我想多了。

很遺憾，你並不特殊

1867 年，法國生理學家艾米利·波拉克在其著作《精神科學的未來》中第一次定義了該現象，並將其命名為「即視感」。

即視感的三種感受體驗：
第 1，某種場景好像在何時曾經歷過；
第 2，某種感覺好像在何時有過；
第 3，某個地方好像在何時去過。

根據其研究所得的數據，66% 的人在一生中都曾至少經歷過其中一種體驗，所以很遺憾地說，你並不是特殊的。既然那麼早就有科學家對此表現出了興趣，那麼在一個多世紀的歷程中，他們都有哪些收穫？會以何種方式來對此進行解讀呢？

這是怎麼發生的？讓大腦告訴你

相關研究指出，人只有在 8 至 9 歲之後才會有即視感現象發生，在初高中時期會達到高峰期，然後隨着年齡的增加，出現的概率會持續降低，因此我們有理由認為，該神秘現象的出現同大腦的發育息息相關。

來自麻省理工學院的托馬斯‧麥克修和他的同事在研究負責學習和記憶的腦部機制時發現，小白鼠的大腦中存在一個特定的記憶線路，這為解釋即視感現象提供了新的線索。腦神經學家在後續的研究中指出，眼睛在接收到信息之後會產生兩條神經通路，一條直線形抵達記憶存儲區，一條通過大腦皮層傳達至感受區（直線通道短於皮層通道），信息傳輸的速度可達到每秒 120 兆，因此一般來說兩條信息是同時抵達的。但是，在某種狀態下，直線形的記憶路線會先收到信息，那麼當信息到達大腦感知區時，你便能從記憶中提取出完全一致的信

息，隨即就產生了似曾相識的體驗，「預知」只是大腦傳輸延遲所造成的錯覺。

生物學的解釋從來都是冷冰冰的，彷彿是在向世界宣告「沒有超能力，有的只是錯覺」，你「預知」得越多，只能説明你大腦犯錯的時間越長。

這是記憶，即使你並不知道

如果你受夠了生物學的打擊，那麼我們不妨再來看看更具人情味的心理學家是怎麼説的吧。心理學家也認為該現象同記憶系統相關，但在了解他們的解釋之前，你還需了解兩個相關的概念：

1. 潛意識的記憶庫是無限大的

如何理解？就拿你最近看的一部電影來講吧，你能回憶出多少內容和畫面？ 40%差不多了吧，但是，如果有一些提示呢？這個數值可能會達到80%以上。也可以説，很大一部分信息存在於你的潛意識記憶中，但你無法主動提取，只有在某些觸發條件下才會顯現出來。

2. 記憶的存儲是零散的、片段的

這又是怎麼回事呢？以你對某個人長相的記憶來説，如果這個人是大眼睛、櫻桃嘴、瓜子臉、細眉毛等等，那麼你的記憶庫裏便會儲存這些特徵，而這些特徵是以獨立的片段存在的，只有當你回想或者再次見到這個人時才會組合在一起。

假設有A、B兩個人，A是具備上述長相特徵的那個人，如果你只記得

她的大眼睛，那麼其他特徵便儲存在潛意識記憶中。而B有一個特徵和A很像，細眉毛，那麼當你第一次見到B時，就會從潛意識記憶中提取A細眉毛特徵的片段，但因為缺少其他特徵的組合，你無法識別這是A，反而會以為這就是B，並產生似曾相識又不知何時見過的感覺。如果說B同A相似的特徵是大眼睛，那麼有很大的概率你會憑藉大眼睛的特徵認出是A，也許結果便是「你和某某長得好像啊」。其他關於環境、感覺的即視感也是如此，一句話來說，就是片段記憶，無法重組，無法辨認，「預知」是記憶片段的重組失敗造成的結果。

但值得欣慰的是，至少知道了潛意識記憶如此龐雜，看來當不成先知，努力開發下潛意識，當個天才還是有可能的。

那些未知的領域

雖然神經科學和心理學家對即視感都作出了解釋，但依然會有不同的聲音存在。例如，物理學家曾提出過平行宇宙、多維宇宙等命題，而有人依然相信自己有着過於常人的能力，有人願意相信這是前世記憶的回溯，甚至有人懷疑是腦電波的干擾。

這些神乎其神的解釋，沒有人能夠證實，當然也沒有人能夠證偽，它們都有着自己的信徒。你又怎麼看？

相由心生
是真的嗎？

林肯在招聘時拒絕了一個求職者，理由是不喜歡他的臉。林肯說，一個人30歲（一說是40歲）以前的臉是由父母決定的，但30歲以後的臉卻是由自己決定的，他要為自己30歲以後的長相負責。相由心生是真的嗎？

（請注意！本文不討論傳統的相術是否有用，只談心理學上的「相面術」。）

心理學上也有相面術？

從前有個犀利的雕塑家，他能把妖魔鬼怪雕塑得惟妙惟肖。但某天照鏡子時，他突然發現自己越來越醜了，神情與神態變得狡詐、兇惡、古怪。他遍訪名醫，均無法治癒。後來寺廟長老說可以幫他治病，但他先要給寺廟雕塑幾尊觀音像。雕塑家接受了。他在塑像的過程中不斷地揣摩、模擬觀音的慈眉善目，達到了忘我的程度。漸漸地，他驚喜地發現自己變得神清氣朗，平易近人。他感謝長老治好了他的病。可長老說：不，你的病是你自己治好的。

雖然心理學上沒有任何科學實驗或者統計表明，額頭寬窄、眼睛形狀、痣的位置、眉間距、唇厚等面貌特徵，和性格、財運、愛情有任何關聯，但相貌確實能在一定程度上反映一個人的真實性格，因為一個人的情感或習慣性態度能夠塑造面部肌肉。比如樂觀的人經常微笑，悲觀的人經常耷拉着臉，苦大仇深的人經常皺眉，久而久之，面部輪廓、肌肉紋路會隨之改變。

 ## 情緒影響神經遞質，進而改變人的面容

目前醫學上認為：人的心理變化就是一種情緒的變化，而情緒會影響人的神經遞質（激素），神經遞質反過來也會影響人的情緒。

例如憤怒時面露凶光，就是因為大腦遇到刺激，引起情緒反應，導致神經遞質濃度發生變化，我們的肌肉緊張收縮就由表情呈現出來。如果長期處於兇惡的狀態，肌肉長期收縮，就會塑造成一副黑社會的兇相。

不過，人的相貌跟心理有相關之處，但不是必然掛勾。正如我們不能因為一個人看起來很兇，就認為他一定是壞人。因為長相是由各種各樣的因素影響的，有些人雖然長得兇，但內心還是很善良的。

 ## 相面術有多可靠？

相貌承載着一個人的遺傳基因、歲月歷練等過去和現在的情緒狀態，人們總是希望在交往中以最短的時間和最少的資源來獲取最多的信息，而相貌正是這樣一個窗口。

普林斯頓大學心理學系在2007年發表的研究結果表明，選舉勝利者的面孔會顯得比較有能力，而這種對面孔做直覺判斷的結果在很大程度上能準確預測出真實的選舉結果。比如在2006年州長和參議院選舉中，預測成功率分別達到了68.6%和72.4%。甚至可以推斷，普通民眾投票時，其實就是在比較誰看上去更有能力。

在日常生活中，我們也會根據一個人的外在線索（相貌、著裝、舉手投足等）來迅速判斷這個人的性格特質。比如心理學研究顯示，衣著整潔、正式，可以給他人傳達一種可靠的感覺。而在另一個實驗中，連還沒上學的小孩也知道那些面容嚴肅、不苟言笑的人比較有大佬風範。

以貌取人有風險，行為來搭救！

但是，相貌心理學的研究者澤布羅維奇等人也發現，當人們看著相片判斷陌生人是否聰明時，他們的正確率比純猜測好不到哪兒去。不僅如此，澤布羅維奇的研究小組還發現，人們基於「常識」的相面術有可能和事實大相逕庭。雖然人們常常認為長著正太臉的孩子性格純潔柔順，但在較低的社會階層中，娃娃臉的少年犯罪率比其他少年要高。

從古到今，「犯罪心理畫像」作為一門技術一直被用於從人群中篩選可能存在的罪犯。歐洲中世紀出版的《女巫之槌》一書中記載，大批女人因相貌醜陋、貧窮而被判定為女巫，遭到殺害。19世紀意大利人切薩雷・隆布羅索對6 000多名罪犯進行研究後總結出了18種生理特徵，可用來鑒定一個人是否是「天生罪犯」。

但是不久後，奧地利的漢斯・格羅斯博士拋棄了隆布羅索「以貌取人」的觀點，轉而把研究罪犯行為作為犯罪心理畫像的重要依據。他認為不同類型的罪犯都有自己的作案特點，而這些與眾不同的特點是可以識別出來並加以區分的。這也是之後美國 FBI（聯邦調查局）犯罪側寫的理論緣起。

所以，雖然心理學的相面術有一定道理，但要結合觀察對象的其他外在線索、行為舉止，才能更準確地判斷一個人的性格特徵。

心電感應
真的存在嗎？

不用電話，不用書信，不用語言交流。可能是在不同的房間，或者是千里之外，一個人卻能感覺到另一個人的信念和想法。這種像武俠小說裏千里傳音一樣快捷方便的神功，叫作心電感應，通俗點，叫作傳心術，它真的存在嗎？

雖不能至，心嚮往之

在現實生活中，經常有報道說發生了心電感應的神奇事件，比如一位美國女士出車禍時，她遠在澳洲的雙胞胎姐妹會感到很痛苦；又或者一個人半夜上廁所時暈倒，他的雙胞胎兄弟在睡夢中驚醒去救他。人們繪聲繪色地描述着這些經歷，樂此不疲。

一項統計顯示，歐美、日本等地區有將近一半的人都相信心電感應的存在，而那些認為

心電感應，又名心靈感應（Telepathy），意為遠距離感應，指不借助任何感官或物理途徑，將信息傳遞給另一個人的現象或能力。

心電感應

自己經歷過心電感應的人則更加深信不疑。

心電感應更多地被劃分到心靈學領域，其主要研究內容包括心電感應、千里眼、預知未來、靈魂等超常現象。近年，「心靈學」又逐漸被「超心理學」一詞所替代。雖然聽上去與心理學很接近，但是美國心理學協會54個分會中並沒有超心理學這一分會。當然，這並不妨礙一些著名的大學設立專門的超心理學課程和研究室，也無法阻擋諸多心理學家蜂擁去研究這些神奇的現象。

 來自實驗室裏的論證

在心理學領域，最早使用科學實驗的方法去驗證心電感應的是美國杜克大學的萊茵教授，他的實驗方法是這樣的：

他讓兩名被試者面對面坐着，中間隔着一塊布以防眼神交流，之後讓一方（發送者）從5張卡片中隨機選擇一張，然後注視圖案，以便對方能感應到。之後放下卡片。而另一方（接收者）則猜測發送者剛才看的是哪一張卡片，如果猜對了，就證明有心電感應。

如果從純概率角度說，接收者猜對的概率有20%。但是萊茵的實驗結果卻顯示，過萬的被試者中平均正確率達到了28.4%，遠遠超過隨機水平。所以，許多人相信心電感應真實存在。

而另一項比較有影響的實驗，則是由貝姆和霍諾頓於1994年利用超感知覺全方位實驗進行的。兩名被試者，即接收者和發送者，分別被安排在兩個隔離的屋子裏。之後讓接收者躺在舒適的椅子上，眼睛用發

着紅光的半個乒乓球蓋住，戴上不斷播放白噪音（不斷的嘶嘶聲）的耳機，以此達到一種輕微的感覺剝奪狀態。而在另一個房間內，發送者則用半個小時聚精會神地盯着四幅圖裏隨機選擇的某一幅。之後，將四幅圖呈獻給接收者，問他剛才感覺到的圖像是哪一幅。

結果在11次實驗中，正確選中的概率竟達到了32%，同樣遠大於純概率20%。實驗又一次給心電感應的支持者們打了一針強心劑。但是這些支持的實驗結果，仍然顯得遠遠不夠。

 ## 質疑，仍然存在

雖然一些當事人的親身經歷聽上去很不可思議，一些實驗結果看上去顯得鼓舞人心，但是心電感應依然遭受着絕大部分科學家的質疑。例如許多科學家也做過超感知全方位實驗，但並不是所有人都得出了顯著的結果。誇張的是，「冷戰」期間，CIA（美國中央情報局）甚至斥資2000萬美元，耗時10年，利用一批心靈間諜，去調查蘇聯的秘密軍事基地。由於最後結果未如理想，只得叫停。

我們不禁反問：不是已經有科學實驗支持嗎？為什麼不能說它真的存在呢？那麼下面給大家簡單講一下，什麼是科學的方法。

 ## 標準的科學方法

現代心理學之所以能被稱為一個科學學科，是因為科學實驗方法的引入。

首先，如果我們想證明一個理論是真的，必須得證實而不是證偽。比如說你能逆風尿十丈遠，你得拿出無特效的視頻資料來證明自己。你不能說：「你沒有證據說我尿不了十丈遠，所以我肯定能尿十丈遠。」只有證其有，才是真的有。這也是許多人質疑弗洛伊德的地方。

其次，一個科學的實驗必須在嚴格控制的實驗條件下去做。什麼意思？你必須是逆着風小便，不能是順風也不能是龍捲風，而且這個風是多少級也必須是固定的。你也不能偷偷在褲子裏藏把高壓水槍，必須是靠自己的本事。而且這個「丈」是現在的 3.33 米，還是古代的 2 米多，必須有嚴格規定。總之，一切能影響成績結果的東西必須被控制住。

最後，一個科學實驗必須是可重複的，而且結果從統計學角度來看是顯著的。比如，無論換哪個實驗者，只要按照給定的條件和步驟，就能完成逆風小便十丈遠。當然，科學是允許誤差存在的，如果你偶爾尿不了那麼遠，但在絕大多數情況下都能完成，那你還是可信的；但是如果你只有一次能尿那麼遠，其他都不行，那麼你的結果就值得懷疑。或許大家研究半天後會發現，原來那一次你是在失重環境下做的。這樣一來，你的話就必須修正：你能在失重環境下逆風尿十丈遠。

扯了那麼遠，回到心電感應上來。在生活中許多心電感應的例子都是在可控制的實驗條件下進行的，而且它們基本不能重複。而諸如萊茵教授的實驗，其中也有很多會影響到實驗結果的干擾因素，比如他用的卡片從背面隱約能看出來，等等。而且多數實驗者重複他的實驗，正確率也沒達到 28%。這個結果，也許只是因為萊茵教授比較幸運。

就像有的時候我們擲一元硬幣，能幸運地連續出現10次正面朝上。

心電感應真的不存在嗎？

至今還沒有絕對充足的實驗證據來證明心電感應是切切實實地存在，那麼我們就完全不相信它了嗎？美國心理學家邁爾斯教授曾在他編撰的《心理學》一書中寫道：科學態度既包括懷疑的態度，也包括以開放的思維對新觀點不懈求證。作為具有批判能力的思想者，我們應該能夠對新事物欣然接受而不輕易上當受騙，能洞悉其本質而不憤世嫉俗，能成為具有批判能力的思想者，而不是一部人云亦云的機器。 同樣，對於心電感應等超自然現象，我們也應該秉承科學的態度，用批判的眼光去審視，而不是愚昧地一味信奉或者沾沾自喜地全盤否定。存在或不存在，都是有可能的。

當然，現有的一些觀念似乎也能給心電感應提供一些線索。比如，從物理學的角度來看，人們也許會利用一些微小的粒子或者特殊的腦電波去實現心電感應。究竟能不能實現這種經濟方便的傳心術，還有待科學家的進一步研究。

參考資料：

1.《現代心理學》，張春興著，上海人民出版社，2009年9月。

2.《心理學導論：思想與行為的認識之路》，丹尼斯‧庫恩、約翰‧米特爾著，中國輕工業出版社，2014年1月。

3.《心理學》，戴維‧邁爾斯著，人民郵電出版社，2014年1月。

大腦的潛能真的只開發了10%？

心理學家威廉·詹姆斯說過，普通人僅僅利用了其心智潛能的10%，他所指的是那些從來不了解自己的人。在20世紀50年代，愛因斯坦在回答記者問題時也曾多次表示自己的聰明才智來自於他運用了大腦的更多潛能。詹姆斯和愛因斯坦的說法似乎都引向了這樣一個觀點：人類大腦只使用了不到10%，還有90%的潛能尚未得到開發利用，這是一個巨大的寶藏。

然而，隨着人們對大腦認識的逐漸加深，越來越多的心理學家推翻了這一結論，我們的大腦真的有更多潛能可以開發嗎？

左右腦分工理論的誕生

曾幾何時，腦功能整體論佔據着神經心理學的半壁江山。該理論認為：心理機能不依賴於腦的特殊部位，而是作為一個統一的整體進行工作。只要有足夠的腦組織存留，損傷後剩下的腦組織就能取代失去的那部分機能。

為了證明這一觀點，心理學家拉什利於1920年做了一個著名的迷宮實驗。他先訓練小老鼠完成簡單的迷宮任務，然後切掉小老鼠的一部分腦皮層，20天後再來對比小老鼠完成任務的情況。根據實驗結果，拉什利認為記憶功能分佈在整個皮質上，而不是某個部位。小老鼠雖然被切掉了一部分大腦皮層，其解決簡單任務的能力並沒有降低，這說明小老鼠對於腦區的利用率非常低。這個結論似乎告訴人們「大腦利用率只有10%」的說法確有其事。

直到20世紀50年代，美國心理生物學家斯佩里博士又做了一個著名的割裂腦實驗。他切斷癲癇患者位於左右腦連接部的腦梁，然後擋住其左視野，在其右視野放上圖片給患者看，讓他們用語言描述出圖片上畫的是什麼。結果顯示，如果在左視野呈現數字、文字或實物，哪怕是讀法很簡單的，患者也不能用語言說出它們的名稱，但他們卻能用左手從裝有各種物品的袋裏摸出這一物品。

斯佩里博士通過這次實驗證實了大腦不對稱性的「左右腦分工理論」，並因此榮獲了1981年諾貝爾生理學或醫學獎。

斯佩里博士的實驗證明：人的每種活動都是左右腦半球信息交換和綜合的結果，並不存在「被遺忘的角落」。來自外界的信息，經胼胝體傳遞，左右兩個腦半球的信息可在瞬間進行交流。可以說，斯佩里博士的實驗完全推翻了腦功能整體論的觀點，也動搖了「大腦利用率只有10%」這個論斷的理論基礎。

對大腦「靜息區」的新認識

所謂靜息區，是指在電刺激下沒有引起較大反應的腦區。曾經，人們認為這部分區域是尚未被喚醒的部分，需要喚醒和開發。然而，在20世紀30年代，有神經學家通過電刺激來研究大腦的活動，他們發現電刺激更易喚起大腦主觀感知和運動的皮層反應，而這一部分在整個大腦中所佔比例較小。在大腦中所佔比重較大的是非感知非運動區域，這些區域有着更高級的語言和抽象思考功能，它們不能被電刺激直接喚起，因而會「沉寂」下去。

這項實驗中，大腦圖像清楚地顯示出，大腦的各個區域都參與了日常的思維活動，不存在「尚未利用」或「無法觸及」的部分。所以，這90%的腦力也一直在積極工作着，大腦的潛能也在被充分利用着。「大腦利用率只有10%」的論點又一次被推翻！

生物進化的用進廢退原則

從生物進化角度來看，優勝劣汰和用進廢退一直是生物進化過程中的主旋律。人類的繁衍生息長達數萬年，每一個器官、組織都是大自然精心雕琢的結果，大腦作為身體中最為重要的器官，不可能存在無用之說。根據用進廢退原則，如果人類大腦90%的能力一直沒有被利用，那我們的大腦早就萎縮了，甚至已經不存在了。這顯然不合乎事實。

綜上所述，人類大腦一直都在被充分利用着，並沒有尚未開發或等待喚醒的區域，在此基礎上，人類大腦也沒有更多的潛能可以開發。所

以，下次再碰到那些所謂潛能開發機構給你傳來廣告，你大可以一笑走開。不過，平時一定要多多動腦、用腦，這樣才會讓大腦更聰明！

看到這裏，是不是有一種醍醐灌頂的感覺？可是，大腦並未得到充分開發利用的論斷為什麼會深入人心呢？心理學家羅伯特‧塞繆爾這樣認為：「在心理學上，雖然實證不能支撐某種觀點，但這種觀點仍然會被認為是正確的，因為該觀點的不斷重複改變了我們對經歷的思考方式。」這是不是在告訴我們，要想把謊言變真理，最好的方式就是把謊言重複幾千遍，直到為大眾所接受並成為一種思考方式為止呢？

參考資料：

1.《教育神經科學引論》，周加仙著，鐘啟泉主編，華東師範大學出版社，2009 年 5 月。

人人都能被催眠？

說起催眠，你想到了什麼？左右搖晃的懷錶？被催眠的人做出種種不可思議的行為，舉起平時根本舉不動的物品？或者催眠前後變成了性格完全不一樣的人？

 ## 被催眠的人在睡覺？

催眠到底是怎樣的一種狀態呢？這是一種高度受暗示的意識狀態，但催眠並不是真的讓你睡覺。

因為我們有四種腦電波，分別反映了人的不同狀態。催眠時腦電波是代表平靜狀態的 α 波和代表打盹狀態的 θ 波，而熟睡時是 δ 波，所以催眠與熟睡的區別還是很大的。

 ## 為什麼要進行催眠？

就目前的發展來說，在催眠狀態中，意識與潛意識的溝通非常容易，可以整合身體與心靈不協調，達成深層治療和潛能開發。催眠術對於

心理失調所引起的生理症狀，如長期情緒不穩定、憂鬱、焦慮、失眠、恐懼等有很好的效果。催眠還有止痛、安眠的作用。

 ## 催眠後會把銀行卡密碼告訴催眠師？

我們總是誇大了催眠的作用，認為被催眠的人失去了個人意志，完全聽從於催眠師，所以秘密不保。但其實你的潛意識會保護着你。

催眠不能驅使一個人做他潛意識裏不認同的事情，如在電影《潛行凶間》裏，盜夢小組在討論如何給能源大亨兒子植入思維時，捨棄了直接植入「摧毀父親的商業帝國」的思想，因為你的潛意識甚至比你更清楚哪些情況會對自己造成損害，所以你的銀行卡密碼很安全。

 ## 人人都能被催眠？

這要談到催眠感受，其實催眠感受性是正常人都具備的一種心理特徵，大約有90%的人催眠感受性相類似，能在專業催眠師指導下較順利地被催眠，有5%的人非常容易被催眠，而另外5%則很難被催眠。

不過這很難被催眠的5%並不是説不能被催眠，催眠大師米爾頓・艾瑞克森就經常使用無聊、重複的語言，經歷漫長的時間，成功地催眠被其他催眠師視為很難被催眠的人。一般來説想像力較豐富的人受暗示性會比較高一些，而批判性較強的人的受暗示性會比較低一些。但最重要的是被催眠者個人的意願，如果他不信任催眠師，不願意被催眠，那麼就無法進行催眠。

「星座說」
真的準確嗎？

有人認為星座很準，非常相信星座；另外一部分人認定星座是偽科學，給予猛烈的抨擊。但不可否認一點：星座是我們生活中的一大話題，先不要亂棍打死它，讓我們來看一看它能存在並且生生不息的原因。

📢 大眾尤物：巴納姆效應 ⚡

如果說我會變魔術，在沒有接觸過你的真人，甚至完全不知道有關於你的任何信息時，就能預測出你的性格，你會相信嗎？不信看看以下這段文字描述的是不是你？

- 你很需要別人喜歡並尊重你。
- 你有自我批判的傾向。
- 你有許多可以成為你優勢的能力沒有發揮出來，同時你也有一些缺點，不過你一般可以克服它們。
- 你與異性交往有些困難，儘管外表上顯得很從容，其實你內心焦急不安。

- 你有時會懷疑自己所做的決定或所做的事是否正確。
- 你喜歡生活有些變化，厭惡被人限制。
- 你以自己能獨立思考而自豪，別人的建議如果沒有充分的證據你不會接受。
- 你認為在別人面前過於坦率地表露自己是不明智的。
- 你有時外向、親切、好交際，而有時則內向、謹慎、沉默。
- 你的有些抱負往往很不現實。

很準對吧？

我並不是魔術師，也不會變魔術，其實以上這段文字是20世紀40年代一位名為伯特倫·弗瑞爾的教授從星座書上隨手抄下來的。在課上，弗瑞爾教授先讓學生完成一份性格測試，並向學生們反饋測試結果，當然不是真正的結果，而是以上這段文字，可有趣的是，87%的學生都認為這個性格測試非常準。

後來，心理學家保羅·米爾以著名的美國馬戲團藝人菲尼亞斯·泰勒·巴納姆的名字將伯特倫·弗瑞爾的實驗結果命名為「巴納姆效應」，即人們會很容易相信一個籠統的、一般的人格描述特別適合自己，即使這種描述十分空洞，人們仍然會認為這反映了自己的人格面貌。

這就是「星座說」之所以能夠存活下來的奧秘。

關注巧合：星座很準只是一種錯覺

或者，你會說類似於「星座關於運勢的預測」或者「哪個星座和哪個星座特別合得來」之類的結果都非常準，其實只是你特別關注巧合罷了。

相信你也經歷過「說曹操曹操到」的巧合，這類巧合會讓你的記憶特別深刻，但仔細想想，或許在你不知不覺中已經說過無數次「曹操」，只是你不記得罷了。星座也是如此，當發生與星座描述一致的巧合時，你會特別留意關注，並且記憶非常深刻；相反，如果星座描述不準，你也會一笑而過，不繼續較真，漸漸也就忘了。最後留在你腦海裏的都是各種各樣關於星座的巧合，因此會形成星座測試非常準的錯覺。

📢 羅森塔爾效應：有些人會成為他們「應該成為」的人 ⚡

讓我們先聽一個小故事：美國著名心理學家羅森塔爾做了這樣一個實驗，他和助手來到一所小學，聲稱要進行一個「未來發展趨勢測驗」，並煞有介事地以讚賞的口吻，將一份「最有發展前途者」的名單交給了校長和相關教師，叮囑他們務必要保密，以免影響實驗的準確性。其實他撒了一個「權威性謊言」，因為名單上的學生根本就是隨機挑選出來的。8個月後，奇跡出現了，凡是名單上的學生，個個成績都有了較大的進步，且各方面都很優秀。這就是著名的羅森塔爾效應，也稱作皮格馬利翁效應或者期待效應。

羅森塔爾效應是指人們基於對某種情境的知覺而形成的期望或預言，會使該情境產生適應這一期望或預言的效應。簡單地說，就是人們受到怎樣的暗示，就容易產生怎樣的結果。

假如你是一個星座狂熱愛好者，從小就深信「射手座喜歡追求自由」「處女座有完美主義」「獅子座比較自信好強」等在星座領域較為主流統一的說法，或許你會在不知不覺中受到這樣的暗示，成為這樣的人，甚至會在不知不覺中用這樣的觀念影響身邊的人。所以說，如果你越

信星座，可能就越會與星座特徵趨於一致。因此也不能說星座一點也不準，在客觀世界來看，星座可能並不科學，站不住腳，但是在主觀世界來看，你信則有，不信則無。

星座其實是個不錯的話題

無論星座說的準確程度有幾分，但不得不承認它是一個很好的聊天話題。兩個互不相識的人，可能會因為星座聊得火熱。假設別人和你聊起了星座，而你卻義正詞嚴地和他科普起星座的種種不是，多半會讓別人覺得你很沒趣。因此，從人際溝通的角度來看，星座確實是一個好東西。

但同時，你也要明白：星座有風險，使用需謹慎。那種招聘時不要處女座也不要天蠍座的招數，還是少用為妙。星座說絕不能無原則地奉若神明。調侃說笑可以，怡情娛樂可以，至於其他嘛……就算啦。

參考資料：

1.《怪誕心理學》，理查德・懷斯曼著，湖南文藝出版社，2014年2月。

《那些困擾你的疑問，心理學都能解釋！》

編　　著：壹心理
責任編輯：鄧宇雁
裝幀設計：Viann Chan
封面設計：謝祖兒、劉婉婷
排　　版：沈崇熙
印　　務：劉漢舉

出版　非凡出版
　　　香港北角英皇道 499 號北角工業大廈一樓 B
　　　電話：(852) 2137 2338　傳真：(852) 2713 8202
　　　電子郵件：info@chunghwabook.com.hk
　　　網址：http://www.chunghwabook.com.hk

發行　香港聯合書刊物流有限公司
　　　香港新界大埔汀麗路 36 號
　　　中華商務印刷大廈 3 字樓
　　　電話：(852) 2150 2100　傳真：(852) 2407 3062
　　　電子郵件：info@suplogistics.com.hk

印刷　美雅印刷製本有限公司
　　　香港觀塘榮業街 6 號 海濱工業大廈 4 樓 A 室

版次　2016 年 6 月初版
　　　2020 年 1 月第二版
　　　© 2016　2020 非凡出版

規格　210 mm × 153 mm

ISBN：978-988-8674-93-0

本書原名《自知心理學》 © 壹心理 2015
中文繁體版由中信出版集團股份有限公司授權
中華書局（香港）有限公司在香港澳門台灣地區獨家出版發行。